家づくりの豆知識

子育ては住まいから！

河野秀親　著

一味違う住まいづくり

はじめに

　私たちが住む町は美しい方が気持ちが良い。しかし現実は醜い町や汚い町の方が遥かに多いように思える。ヨーロッパやアメリカ、カナダなどの国々は絵に描いたように美しい町が多い。一体どうしてなのだろう。常に疑問が湧く。日本は海に囲まれた島国ということで、外敵から攻められることも少なく、比較的安全な国であったことが影響を及ぼしている。又農業を中心とした単一民族という性質から、肥沃な広い土地のあるところに集落ができ、町が形成されてきた。更に縦に長い地理的条件は気候風土にも大きく左右し、建築様式にも大きく影響を及ぼしている。

　一方、ヨーロッパは陸続きの国であるため、諸外国から攻められることが多い事から城壁に囲われた街並みとなっている。又狩猟民族という性格から常に猟を求めて移動を続ける生活が多くなるため、土地への執着心は農耕民族に比べ希薄と言える。必然的に建築の在り方や都市の形態に大きく差がでてきているのも当然と言える。

　日本は敗戦を境に近代建築がアメリカやヨーロッパなどから入ってきて、従来の日本建築の形態から急速に変化を遂げてきた。特に工業製品の発達や電気製品、設備の充実は日本の住まいの在り方を根本的に変えてきた。

　私は建築の設計に係わってから５０年以上が経過した。丁度、日本が高度経済成長期で建築ラッシュの時であったので、その間、夢中になり多くの建築をつくり続けてきた記憶がある。当時、個々の建築を設計する中で、ただデザインや機能性、経済性を重点につくり続け、周辺の環境や街並みなど考えて設計してきた記憶が希薄であった様に思える。

　日本はアメリカを常に意識しながら高度成長に拍車がかかり、ついにバブルの崩壊となった。気付けば日本中が目標を失い途方に暮れる状況となってしまったのではなかろうか。その付けの多くは廃虚化した建築や醜い街並みが残されてしまった。特に地方においては中央思考で突き進んでいた為、表面的なところだけを真似した建築になり地域性を失った。画一的な建築を多く生み出して来たのではないだろうか。これらの街並みになったのは設計をする一人として責任の一旦を感じられずにはいられません。

私は過疎化の進む地方に住みながら地域に根差した建築をつくり続けてきた。その中で都市では体験できない地方での建築環境など肌で感じたことは貴重な経験となった。それらの視点から建築の在り方、町の在り方をまとめて見たいと考えた次第である。

もう一つの視点は、子育て世代の住まいの在り方に何か提案できないものか？ということである。近年の住宅は高気密高断熱が主流となり、窓の少ない密閉した住宅が増えてきたことまたオール電化が進み火を使う家庭が少なくなってきたこと、あるいは核家族化や子供室の個室化などにおいて子育て環境など気になることが多くある。

恐らく住まいの平面計画やデザインにおいて子供の性格やしつけなどにも影響を及ぼしているものと考えている。そのことをこれまで設計に携わってきた経験からそれぞれのポイントで説明と事例の写真を提示して分かり易くまとめてみることにした。

日本人とは？島国の影響は？食生活の影響は？あるいは気候風土による影響は？などから「見えてくるもの」という観点から家の役割、家づくりの豆知識、住まいをつくる心、人の心理と行動、美しい環境づくり、設計とは何か、仕事の流儀、住みたくなる街並みなどの項目となっている。

河野秀親

子育ては住まいから！

目次　4

第四章　家づくりの豆知識

第一章　日本の気候風土と生活

01　気候風土

地球温暖化
日本の四季と縦長の日本
高温多湿の日本
風向きは地域で異なる
夏の雨と冬の雨
宮崎県の気候風土と景観

地球温暖化

近年、日本においても集中豪雨など各地で甚大な洪水が起きたり竜巻やヒョウが降ったりこれまでに経験したことのないような気象現象が頻発している。世界を見渡しても洪水、干ばつ、竜巻、大雪、強大なハリケーンなど数えればきりがないほど目にするようになっています。これらの現象の全ては地球温暖化の影響と言われており、人類の生活や産業などから排出される二酸化炭素の影響であることは周知のことと思う。

　地球温暖化を止めることは簡単ではないことは十分理解しているが、これらを止めるには一人ひとりができるところから行動に移すことから始めることではないだろうか。

　例えばエアコンの使用頻度を下げる、食生活を見直す、ゴミを出さない、緑化をするなどエネルギーをできるだけ使わないすまいづくりをすることでCO2削減に貢献できるのではないだろうか。

日本の四季と縦長の日本

　冬の気圧配置は西高東低の気圧配置になる。この配置になった時が最も寒く、冷たい強い風が吹く。従って、宮崎においては西風でなく北西の風になることが多いのである。この冷たい風を防ぐための配慮を忘れずに住まいづくりをしなければならない。

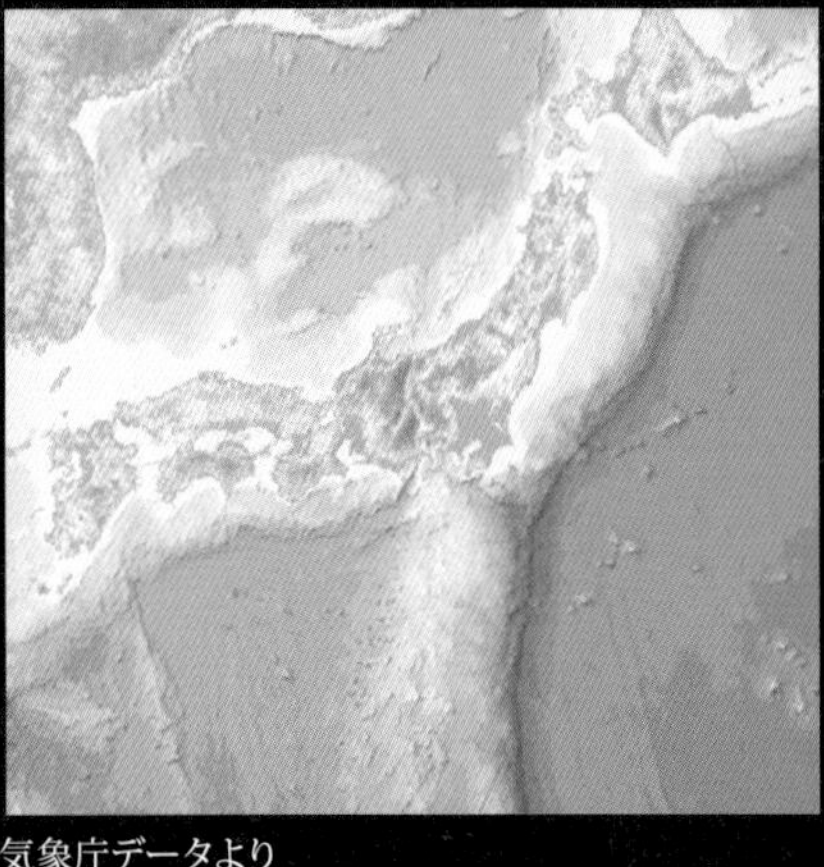

気象庁データより

温暖化が進む地球

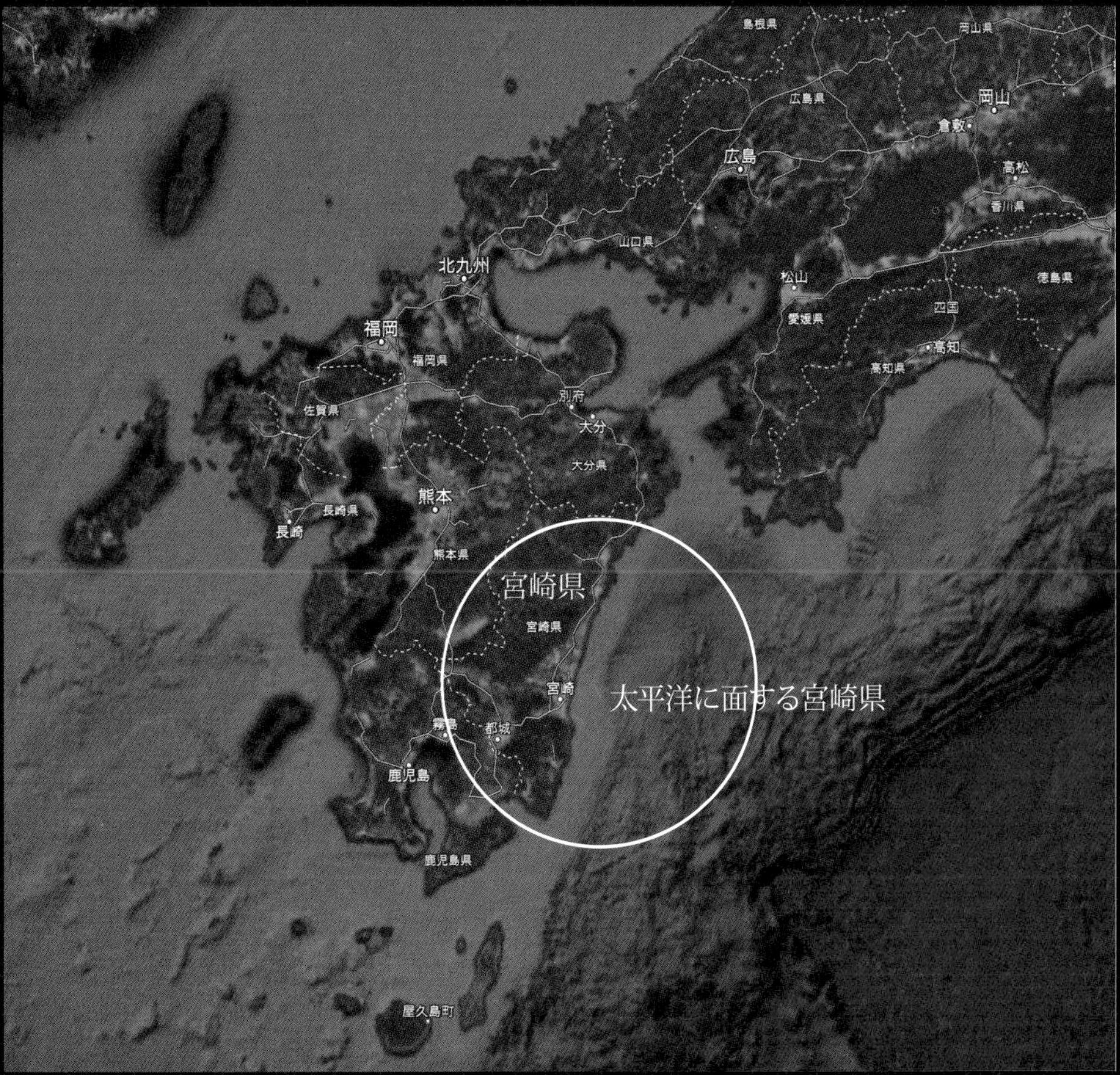

気象庁データより

01　気候風土

高温多湿の日本

日本の中の南九州、特に太平洋に面した鹿児島、宮崎は高温多湿の気候である。というよりもっと亜熱帯気候に近い地域と言える。梅雨時期から夏の暑さ、日差しの強さ、そして湿度の高さは日本のなかでも格別と言える。このような高温多湿の中での住まい造りは日本全国の画一的に造られた住まいでは、住みづらい。特に高気密高断熱の住まいでは空調なしの生活はとてもできない。夏においてクラーなしでも快適に過ごせる涼しい住まいづくりを目指すことが最も南九州の家づくりに求められる。

風向きは地域で異なる

夏の高気圧の配置を見ると九州の南東側に居座っている。一般的に夏は南風と思われているが、実は南東に居座っている高気圧から湿った暑い風が吹いている。従って、宮崎に於ける夏の風は南東の風が最も吹いており、時には南風や東寄りの風が吹いたりする。一方、関東地方では高気圧の位置が南になるので南風が吹くことが多い。関東地方と南九州では風の吹く方向が異なる。このことを十分に把握することで住まいづくりは大きく異なってくる。宮崎においては先ず南東の風を意識した住まいづくりを考える必要がある。

夏の雨と冬の雨

夏の雨は南、南東、東の方向から降ることが多い。何故なら、夏は梅雨前線に向かって太平洋側からの湿った空気が入り、大雨が長引く傾向にある。また、台風が近づくと太平洋側からの左回りの湿ったじめじめした風と雨が降り続く。このように夏の気象条件は住まいづくりに大きな影響を与えるので南から東寄りの雨風を考慮した設計を行うことが望まれる。

一方、冬の雨は、西高東低の気圧配置になることかあら西寄りあるいは北西の冷たい雨風になる。従って、冷たい風と雨対策を考慮した設計を行うと良い。

夏の天気図

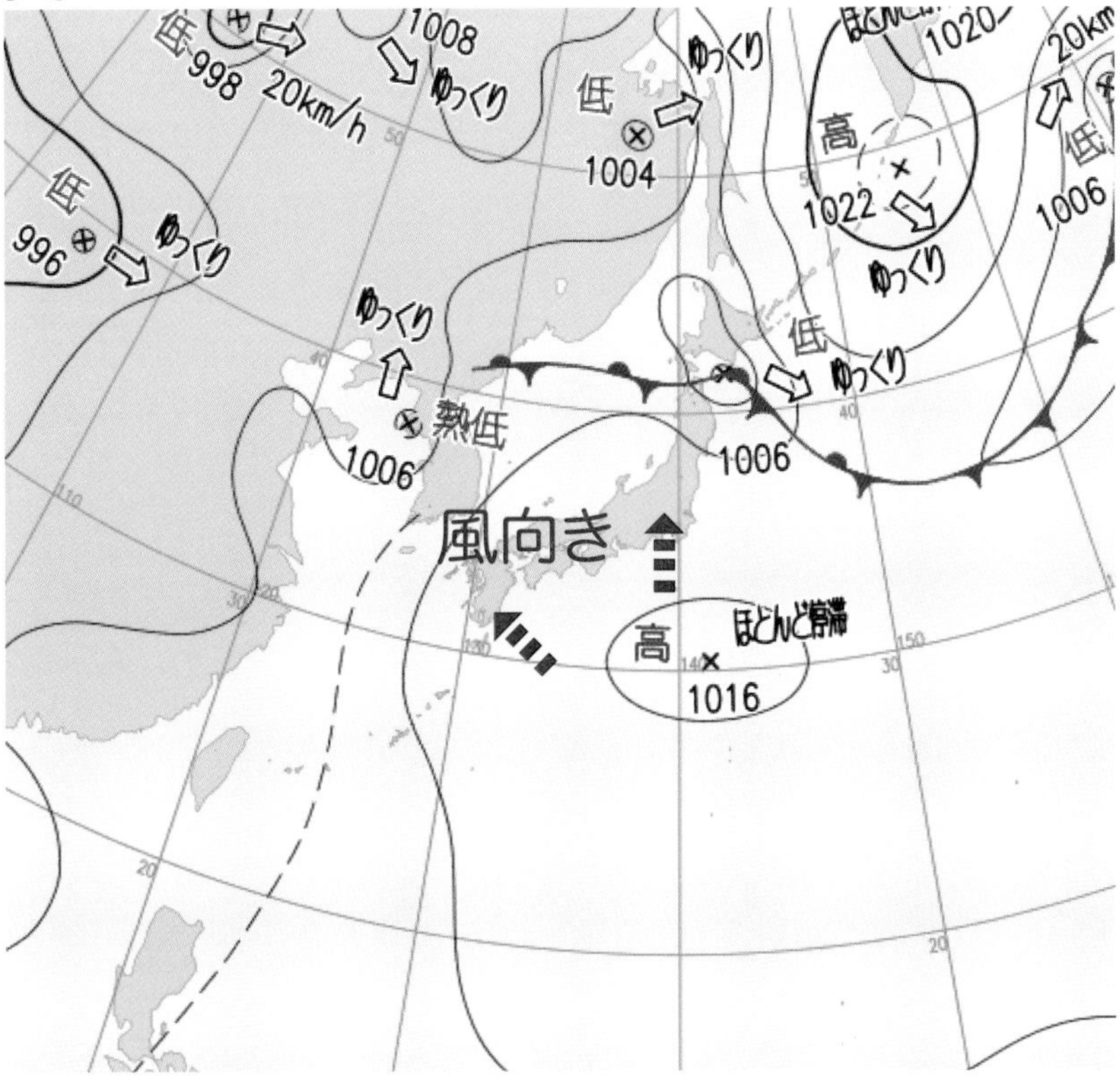

関東は南風

宮崎は南東の風

冬の天気図

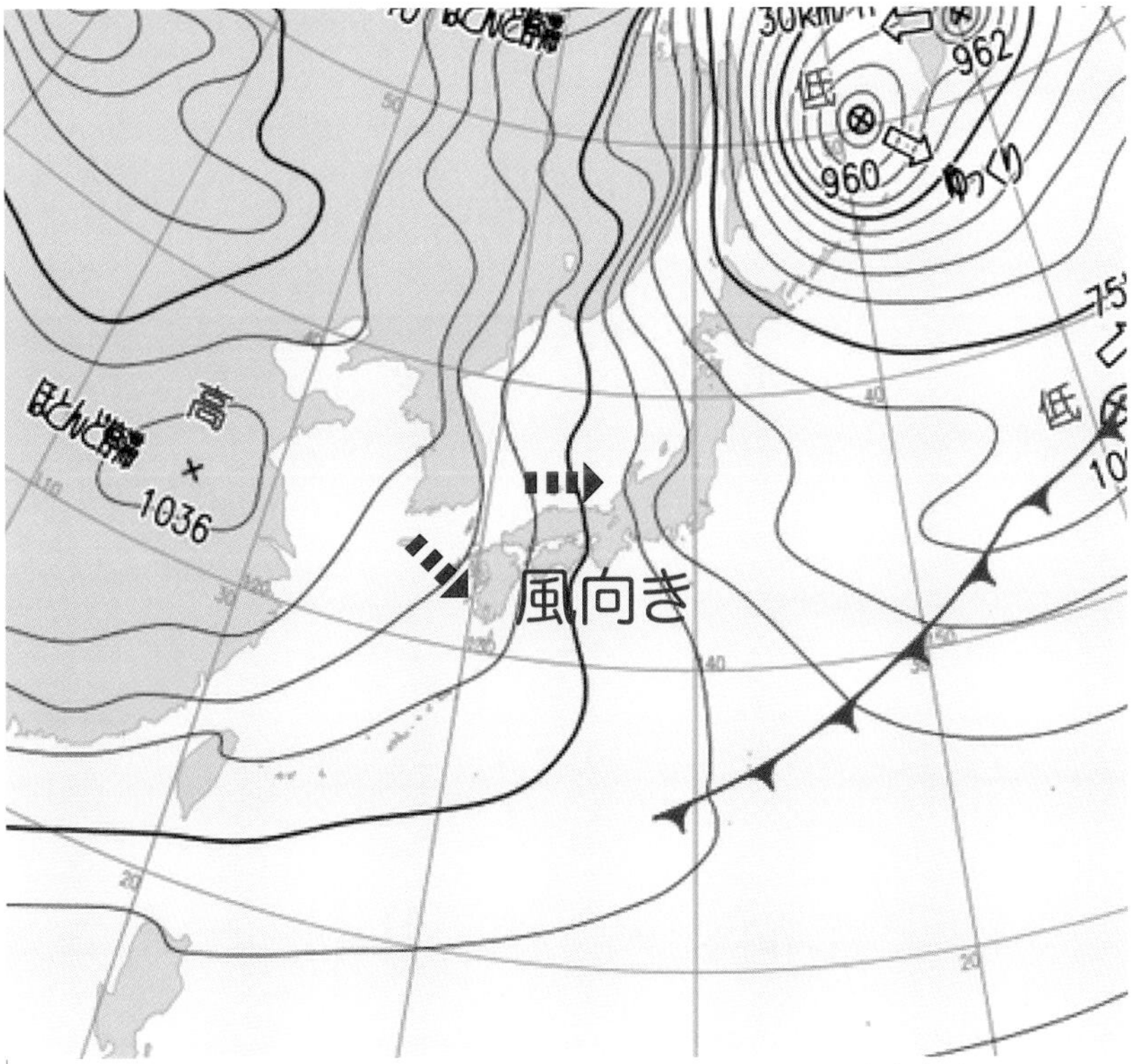

関東は西風

宮崎は北西の風

気象庁データより

01 気候風土

地球温暖化
日本の四季と縦長の日本
高温多湿の日本
風向きは地域で異なる
夏の雨と冬の雨
宮崎県の気候風土と景観

宮崎県の気候風土と景観

宮崎県は県北の高千穂、県央の宮崎、県南の串間まで南北に長い地形となっている。また東側は太平洋の日向灘に面し、西側は椎葉、えびのの山岳地帯となっている。このように広い地理的条件があり、一口に宮崎県の気候風土を語ることはできない。従って宮崎に相応しい住まいをつくるに当たってそれぞれの地域において風土に根ざした住まいづくりを行う必要があります。

えびの高原
スケッチ　伊藤信繁

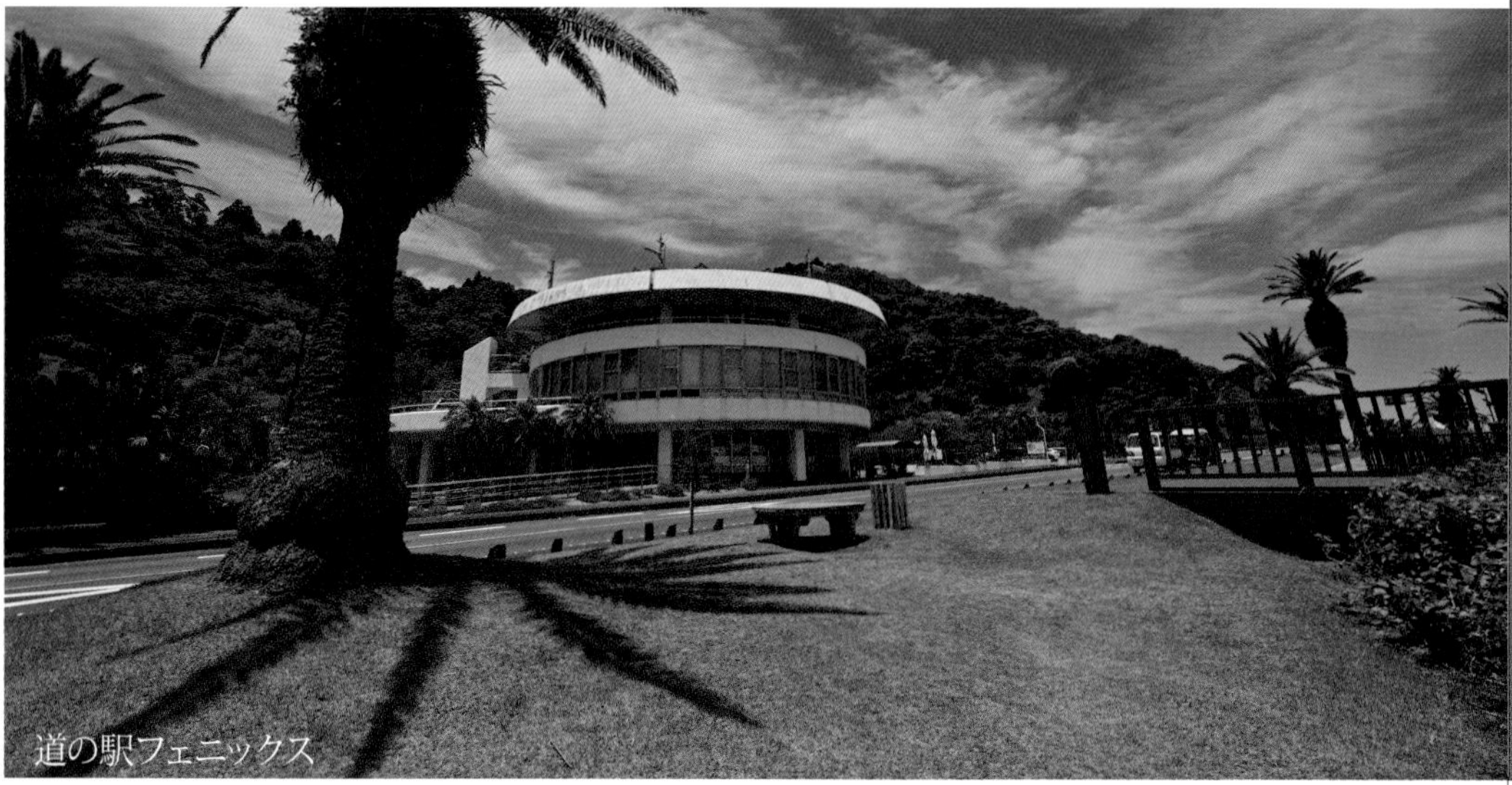

道の駅フェニックス

宮崎県の主な観光スポット

高千穂峡

西都原公園

都井岬　御崎馬

西米良

02　日本人の生活文化

農耕民族と狩猟民族
食文化が風景に影響
ふすまと障子の文化

農耕民族と狩猟民族

地球上では作物を作って生活する民族と獲物を求めて狩猟する民族がいる。

■農耕民族

農耕民族は自然の気候風土に大きく左右されながら作物を作っている。戦いは好まず一緒に仲良く生活する共同生活である。そのために温厚で優しい性格となっている。世界ではコメを主食とする農耕民族とパンを主食とする民族がいる。

コメの場合は共同で水を引き同時にコメを育て収穫する。それぞれの個人が買ってきて水を引くことはない。そのことで常に同じスタイルで生活する文化となっている。

一方、パンを主食する民族は麦を育てる。麦の場合は水を引くことなく作ることができるため共同作業をすることはあまりない。従って、季節は同じになるが個人の意思である程度自由に作物を作ることができる。

蝶

■狩猟民族

魚を獲る漁師や鹿や鳥などを獲る狩猟民族の特徴はそれぞれも獲物を見つけるために広範囲に移動しながら狩猟する。そのために同じ民族であっても一緒の場所に移動することなくそれぞれの情報のもとで狩猟するために民族の性格は個性的で躍動的な民族になっていることが多い。

環境が人をつくる

米づくり（水平を風景）

獲物を求めて移動する生活

農耕民族

狩猟民族

02　日本人の生活文化

農耕民族と狩猟民族
食文化が風景に影響
ふすまと障子の文化

食文化が風景に影響

日本の風景とヨーロッパの風景を比較すると全く違うことに気づかされる。日本においての田園風景は区画され水平線を基調に成り立っており、山手においては棚田で構成されているがこれらも全て水平に造られている。稲作に於いては水が命であるために畦でそれぞれの田んぼが仕切られ、どれもが水平に造られているのである。従って、米を主食とした日本においては水平線が基準となっている。

一方、ヨーロッパにおいてはパンが主食になっているので麦を作る。麦は水をあまり必要としない作物であるため水平線を保つ必要がない。従ってヨーロッパの田園風景は自然のままのうねった風景となっている。当然ながらその国の地形にも影響している。アメリカ大陸の場合は水平に広がった大平原があるので必然的に水平を強調する風景となっている。

このように食文化の違いによって風景が違ってきているこれらの風景は日本で生まれ、日本に育っている人であれば、まったく当たり前の風景として認識している。その違いはヨーロッパを旅した人であれば日本との風景の違いを知ることができる。

主食が米と麦の違いで風景に違いが出て来るが、実は、宅地の造り方にも大きく左右している。小さな農地の区画と水平に造る手法は当然ながら宅地造成においても、必ず長方形に区画し水平に造ります。傾斜地であっても必ず水平なひな壇形式に区画する。何の疑いもなく水平を保ち棚田型に造成してしまうのです。

しかし、ヨーロッパでは水平に切り土することなく自然のうねりを利用して宅地ができている。従って、そこに建てられる住宅は傾斜を利用したデザインとなる。このように、建築の造り方までに影響を及ぼしているのです。この結果が町並みの景観や田園風景にも大きく影響を与え、結果的に日本の風景、ヨーロッパの風景が違っているのです。

日本

米文化

欧米

麦文化

02　日本人の生活文化

農耕民族と狩猟民族
食文化が風景に影響
ふすまと障子の文化

ふすまと障子の文化

襖と障子は欧米の壁とドアの文化とは異なり、仕切ると個室として使え、開放すると大勢で集まる空間が簡単に出来上がる。軽くて、取り外しも簡単にできるので多様な空間構成に使われる便利な装置でもある。一方、音や光を通し易いのでプライバシーを守るとなると問題である。しかし、そのことが逆に日本人の恥じらいや奥ゆかしさを育ててきたのだと思う。常に人の気配を感じ取り、その場の風を読みとれるようになることで、人に気づかう心が育ってきたのだろう。このように、日本の高温多湿の風土が日本人としての作法を生み出しすばらしい文化を育んできたのである。

03 敷地と建物

敷地を知る

建築には必ず敷地が存在する。敷地、即ち地球上でたった一つしかない場。そこに建築が建てられてきた。平坦な敷地、傾斜のある敷地、変形した敷地、木のある敷地、固い敷地、柔らかい敷地、都会、田舎、山、海、工場地帯、田園地帯、砂漠、海岸、河川、降雪地、乾燥地、湿地、密集地、閑散地、騒音地域、寒い地域、暑い地域など気候風土や各種条件によって全く異なる。

つまり、敷地条件が違う訳であり、それらの条件をその敷地に立って、良く知ることから建築の計画は始まる。日本全国、どこに行っても同じ様な住宅ができることの方が、不思議なことかも知れない。特に周辺の環境を知り、活かすことが住まいづくり、強いては魅力あるまちづくりにつながる。そして住み易い快適な住まいづくりができるのである。

四季の太陽の位置を知る

日本は縦に長い地形となっておりそのために緯度が大きく異なるので、その地域で太陽の出る方位や高度が全く違う。また経度も北海道と九州では大きく異なり、そのために時差が生じるため日の出、日の入りの時間が場所によって異なってくる。

これらの地理的な条件が家づくりにも大きく左右してくる。生まれてからずっとその地域で生活していると全ての気象条件が日常的になっているので他の地域のことが分からなくなってしまっている。今一度、今住んでいる地域の気候風土を見つめ直す必要があるのではないだろうか。

太陽の位置を知ることで、家づくりに参考になりより良い家づくりができるものと思う。

多様な敷地と風景

緯度・四季により
太陽の高度が変わる

太陽の位置

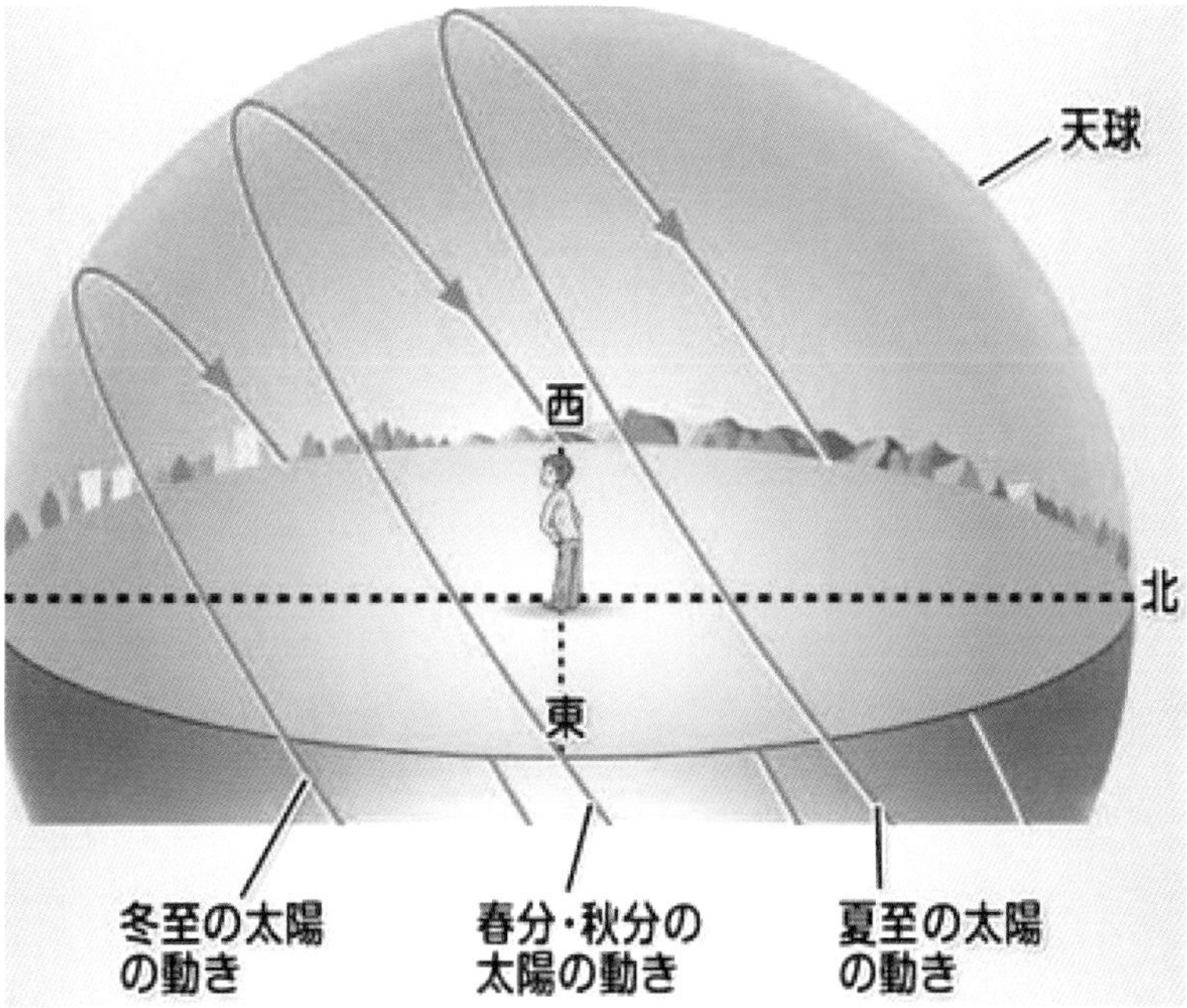

rika-net.com より

03 敷地と建物

建物の方位は重要

建築の方位は大変重要である。一般的に南向きに計画しますが実は敷地が南向きとは限らない。この場合、真南はどちらかを正確に確かめておくことが部屋の配置を決定する場合に参考になってくる。

夏の蒸し暑いときはほとんど南東向きの風が吹く、冬の寒い日は北西からの冷たい風が吹くことが多い。一般的に夏は南風、冬は北風と思われがちだが、実は南九州では高気圧の位置で若干異なる。そのことを十分配慮して計画することで大変参考になり、通風、採光を計画する時に影響を及ぼす。

しかし、単に方位だけでは決定できない要素もあり、それらは周辺の地理的条件や周囲の建築の位置、高さ、形状が風向きや採光などにも影響を及ぼすので十分に配慮する必要がある。

配置計画に平面図

配置計画をするとき、家の輪郭だけを描き配置してしまうことが多い。これらは建築基準法に従い、確認申請に必要な図面を描くからであろう。その弊害として隣近所の関係が薄れ、近隣環境には配慮が欠ける平面計画ができてしまう。実際に建って後で気付くことであるが、窓を開けると隣の風呂が見えたり、寝室が丸見えるなどプライバシーの配慮が不十分であることが多い。

これでは折角の広い窓も全く開けることができない。もし、敷地に立ったときに隣の関係を調査して図面に落し込んだ後、平面計画や配置図を作成すれば隣との関係が容易にチェックでき、プライバシーを損なうなどの失敗はなくなる。さらに、周囲を考えた計画ができるので景観を考慮したデザインができる。

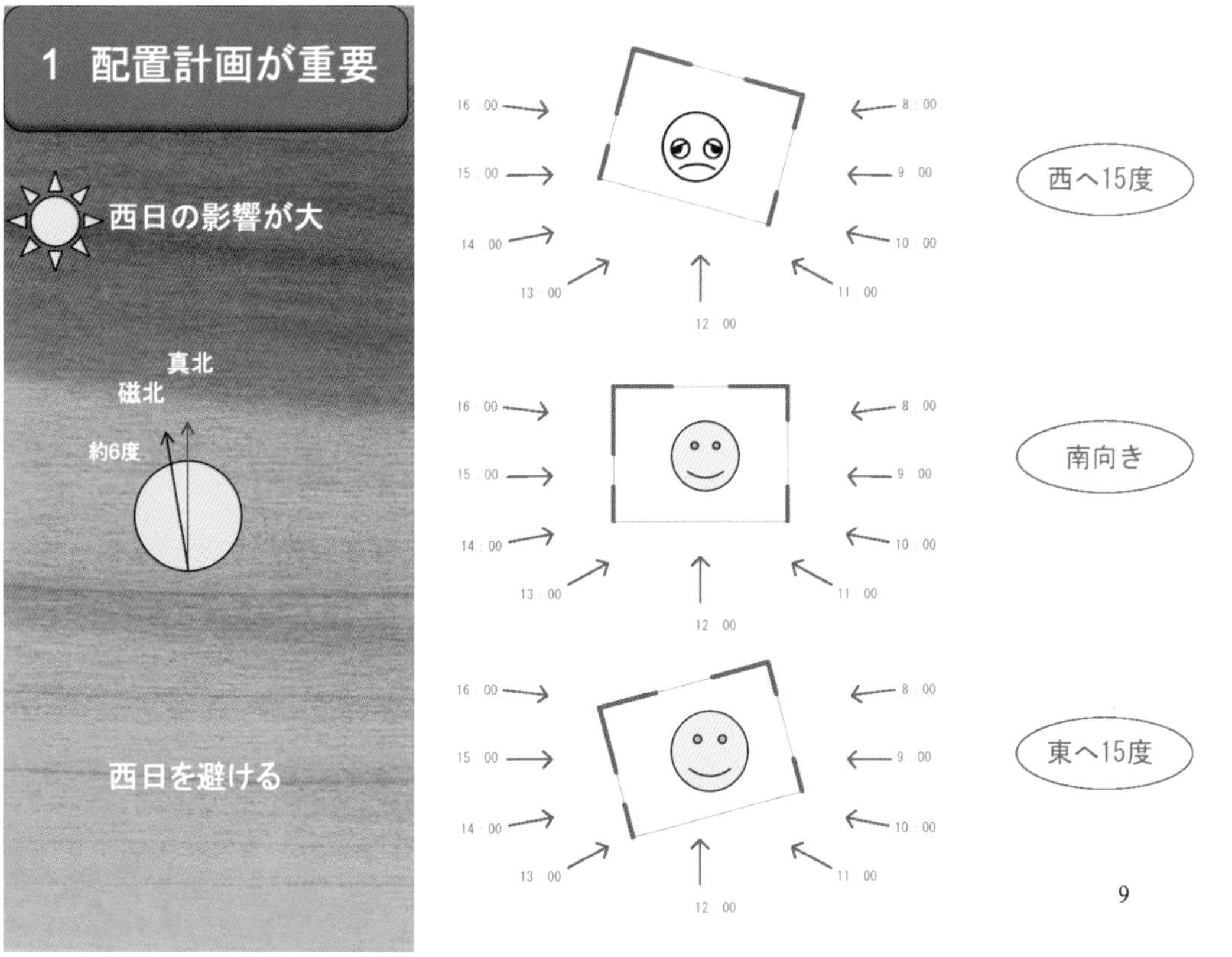

配置する向きにより採光、通風に影響！

03 敷地と建物

敷地形状にプランを合わせる？

一般的に家を計画する場合、敷地に合わせて配置してしまうことが多い。しかし、本当にそれが良いのだろうか？敷地が東西に向いている場合は、合わせることにより、南向きの計画ができるであろう。一般的にそうでない場合の方が多い。その場合は敷地に合わせる方法以外に、他の解決策はないものか検討する必要がある。できるなら多少無駄な空間が発生するかも知れないが、南を向くように軸を振ることも考えると良いかも知れない。

そのことにより、いろんなところに三角形の空間が発生する。しかし、この無駄のような空間が実は、庭ができたり、思いがけない遊びの空間ができる。敷地と平行でないことで発生する空間は敷地にゆとりを与え、魅力が増大する。

敷地の形状は様々です。変形した敷地、高低差のある敷地、川や田んぼ、山、隣地の敷地、道路との関係、雨水排水など一つとして同じ敷地、地盤はなく様々である。

さらには方位や風向き、日当たりなど家を建てるにあたり影響する環境があるのでこれらの条件を整理して敷地をどう活かすかが最も重要になってくる。

タイマツバナ

通風採光に配慮し
南東に向けた配置計画

03 敷地と建物

敷地の利用計画

平面計画を行うときに大切なことは建物の配置計画だけでなく敷地全体の利用計画をすることを是非行って戴きたい。例えば車庫の位置は？物置は？庭の場所は？塀の位置は？ボイラーやプロパン、洗濯干し場は？野外でのＢＢＱスペースは？など生活スタイルに合わせた様々なことも同時に考えておくことが大事である。

予算の関係で将来のことまでは考えていないとか将来必要になったときに考えるなど言われることがあります。将来のことを考えず造った場合はその時になって家が邪魔になったり、スペースがなかったりなど様々な障害が発生してきます。

予算がないから考えないではなく、とりあえず将来の夢や方向性も考えた上で計画することを進めます。

広い土地ほど配置が難しい

狭い土地の場合は建蔽率（都市計画において敷地の中にどれだけの面積が建てられるか）が示されているので敷地の形状や方位からある程度建てる場所が制限されてきますので自ずと配置が決まってしまうことが多いです。

しかし、広い敷地の場合はどこに建てようかと迷うことが多いのです。やはり将来のことや敷地利用計画をしっかりと考えておかないと将来において後悔することになりますので将来の計画を立てた上で配置計画をして欲しいものです。

敷地の利用計画

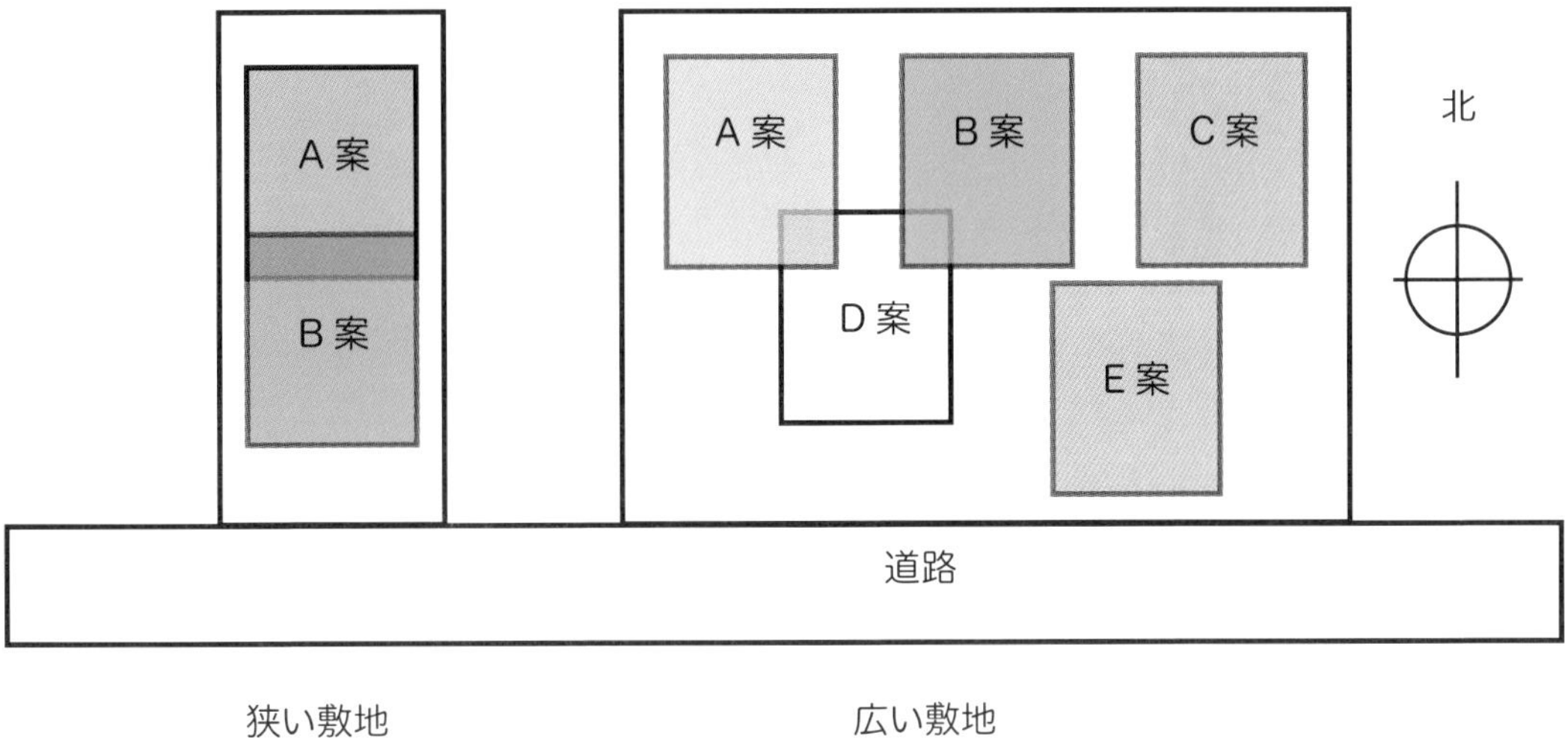

敷地の形状・方位・建ぺい率・車庫・庭などの条件によりある程度限られれた案で配置計画が容易にできる

敷地の形状・方位・建ぺい率・車庫・庭・将来の計画（店舗・事務所・倉庫・駐車場・売却）などの条件により様々な利用形態が変わってくるので配置計画をするにあたり検討が必要となるため計画が難しい

04 日本の建築文化

畳とふすまと障子
軒先が深い

畳とふすまと障子

日本の住まいの中にはふすま、障子、畳が使われる。これらの素材は和紙、イグサ、木、藁などの自然の素材である。本来、日本は高温多湿の気候であるから、これらの素材は除湿や保温効果などの環境の調整役を果たしているのです。

しかし、障子は薄い紙で出来ているからすぐに破れやすい欠点がある。そのために最近では丈夫で破れにくい障子紙が普及するようになり頻繁に使われるようになっている。本来、吸湿性に優れて特徴を持っていた障子紙が樹脂製で吸湿性の少ない素材では日本の高温多湿の室内環境には適さないのが現状です。

畳・ふすま・障子は
除湿や保温効果の調整役

04 日本の建築文化

畳とふすまと障子
深い軒先

深い軒先

日本は四季を通して雨の量が多い。特に梅雨時期から夏になると一層多くなる。そのために日本建築の特徴として軒先の出が深くなっており外壁や窓に直接雨が当たらないような構造となっている。大正・昭和の時代はエアコンがなかったためできるだけ窓を開けてたままで生活をしてきた。

従って雨の日でも快適な生活を楽しめるように軒を低く、軒先を深くすることが日本建築の特徴となっています。

軒下の空間は心地よい

05　地域性を考えた住宅

緑とは何か？
縁側の役割とコミュニティ
近所との良い関係づくり

縁とは何か？

人と人との出会いも縁、つながりも縁、仕事も上司も、会社も、恋人も、伴侶も何かの縁がきっかけであろう。このように縁とはつながりを持つことである。

建築においても多くの縁という建築用語がある。額縁、廻縁、見切縁、縁側、家具などの縁などそして巾木、犬走りなども同様に縁である。

現場において縁を切るということが頻繁に使われることがある。例えば納まりなどで縁を切ろう、異なる仕上材を取付けるときに縁を切るなど様々なところで縁を切ると言う言葉を耳にする。これらは間違った意味として使われている。

額縁、廻縁、見切縁、縁側、巾木、犬走りなどもつなぐ為のものである。窓と壁をつなぐ額縁、天井と壁をつなぐ廻縁、部屋と外部をつなぐ縁側、基礎と地盤をつなぐ犬走りなど。

さらにつなぐと言う視点から考えると壁と天井が主役で廻縁は脇役、壁と床をつなぐ巾木も主役でなく脇役である。脇役は主役の引き立て役になり活かさなければならない。このように、縁の役割をしっかり把握することで建築が美しく、そしてすっきりと納まって来る。

縁の意味を再認識して住まいづくりに活かすことを考えたい。

デッキは住まいと地域をつなぐ装置

待合は人と人・地域をつなぐ空間

05　地域性を考えた住宅

縁とは何か？
縁側の役割とコミュニティー
近所との良い関係づくり

縁側の役割とコミュニティー

昔の住まいのつくり方としては田の字の形の開放された和室の生活が主であった。部屋同士の仕切りはもっぱら襖と障子。自由に開放できそれぞれに多様な利用がなされていた。和室の外には縁側があり、ガラス戸かあるいは雨戸しかなく、常に開放されて使われていたものである。このような住まい方では隣近所の誰でもが気軽に縁側に腰掛けることができ、茶飲みができ世間話に花を咲かせていたものだ。恐らく、玄関から入るより縁側から声をかけて、訪ねることの方が多かったのかも知れない。このように、縁側があることで隣近所との付き合いがうまく行き、地域コミュニティーが活発に行われていた。

近年は伝統的な日本建築をつくる人が少なくなり、ほとんどが洋室を中心としていわゆる洋風建築が主流となり、和室や縁側を設ける住まいが少なくなり、障子や木製の建具、雨戸を見ることが少なくなってきました。そのために昔ながらの縁側に腰掛けてお茶を飲んだりすることがなくなり近隣とのふれあいの場も失われてきた。

最近では地域のコミュニティーがなくなってきたと言われるが、実は住まいの造り方の変化がその要因の一つになっている。現在のような人を寄せ付けないような住宅づくりがコミュニティーの喪失になり、さらには門で閉ざされ玄関で閉ざされることから昔ながらのコミュニティーは難しい環境となっている。

今こそ、コミュニティーを大切にする場の空間づくりが求められる時代となってきた。

ウッドデッキは
コミュニティーの場

05　地域性を考えた住宅

縁とは何か？
縁側の役割とコミュニティ
近所との良い関係づくり

近所との良い関係づくり

『向こう三軒両隣の交流』

昔から最低でも向こう三軒両隣を大切にしましょう！仲良くしましょうと言われてきた。最近では隣近所との付き合いは嫌だとか関わりたくないとか無感心な人が増えているのかもしれない。しかし近年、地震、津波、台風など様々な自然災害が発生しており、災害時などでは近隣との協力や助け合いなどが大切になってくる。このような緊急事態の時に役立つのが普段からの近隣との交流なのである。

　もし、隣近所で犬猿の中になったりすれば生涯嫌な思いをしながらそこに住み続けなくてはならず、こんないやなことはない。隣近所のお付き合いは良い方が円満で楽しい生活ができる。

　隣近所が疎遠になってしまったその要因として考えられるのが縁側などがなくなったのいではないでしょうか?。

　恐らく、アルミサッシュの普及と共に全面開放ができず座る場が失われたことで縁側の機能が失われれ、更に洋風の建築が主流となったことで縁側の必要性が無くなってきた。

　その結果、縁側でお茶飲みや世間話しが出来なくなってしまった。更に輪をかけて敷地の外部に塀や門扉が設けられ閉ざされるようになったことも要因している。

　現在では、塀に門と扉、玄関と厳重な戸締まりがされる結果となり、隣近所との付き合いもほとんど遠ざかり、地域のコミュニティーが喪失した。

『向こう三軒両隣の交流』を見直そう！

アジサイ

ツバキ

『向こう三軒両隣の交流』

コミュニティーの生まれる家

失われたコミュニティー

06　風土に根付いた住まい

気候風土の地域差
自然に逆らわない家づくり

気候風土の地域差

日本は縦長の島国となっている。そのために北の北海道と南の九州、沖縄とでは気候風土が全く異なってくる。当然、海岸部、農村部、山間部、都市部というエリアでも風向きや、温度、湿度などが異なる。

従って住宅を建てる場所の気象条件や地理的条件も認識した上で住宅をつくる必要がある。また日本建築と言っても一口では表現できない。それぞれに気候風土に適した建築スタイルがある。北海道や東北では雪が多く寒い地域で、九州、沖縄では高温多湿であり台風も多い地域である。

また海に囲まれた日本は必然的に海に面した住宅と山奥に建つ住宅では造り方が異なってくる。このような地理的な条件の影響を強く受けて建つ住宅であるため、どのような気候風土なのか十分把握した上で住宅をつくる必要がある。

自然に逆らわない家づくり

南九州（特に宮崎、鹿児島）のような地域では全国に比べて台風が多く接近、上陸が繰り返されているので台風対策は最重要課題となる。

また、海岸部では白あり被害も甚大で、それらの自然的な条件を受け入れて対策することは当然である。特に台風における風向きはどちらから強く吹き付けるのか?を十分考えた上で風、雨対策をする必要がある。

西側を通過するコースは台風の目の右側に当たり南東の強い暴風雨となる。しかし東側を通るコースの場合は北西から西よりの風が長く吹くことになる。また、西側コースよりも暴風雨は小さめとなることが多い。このような地理的な条件を考慮した計画が必要となってくる。

台風の通り道

暴風対策の防風林と生垣

07　現代の街並み

新建材が日本建築を消滅させる
ハウスメーカーの影響
日本人は何故ニセモノを使うのか？

新建材が日本建築を消滅させる

戦後の高度成長時代と共に新たなる建材が続出してきた。社会のニーズに応えるために工期短縮、低価格、大量生産のニーズが高まってきた。その結果、建築生産の現場にこれまでと全く異なった施工方法が次から次へと進出するようになった。これまで、職人の匠の技で制作されたものでさえ大量生産の規格品が出回りそれに多くの建築業界が飛びついたのである。

その結果、外壁の塗り壁は簡単に施工でき安価な新建材の化粧ボードに埋め尽くされ、既製品の建具、家具で簡単に取付けられるようになった。大工に於いても墨付けや手加工がなくなりプレカットの時代へと移り変わった。これらの全てを否定する訳には行かないが、その結果、日本全国同じような外壁、外観ができ地域性など全く失われてきたのである。

それだけでなく地域の良き風景が失われ、景観までも壊す結果となっている。ただ残念なのはその新建材について多くの建築主が何も感じないままでいると言うこと。そしてそれを進めているのが工務店、建設会社、大工さんなどの専門家であると言うことが問題かもしれない。

ランタナ

本物から感じられる息づかい

07　現代の街並み

新建材が日本建築を消滅させる
ハウスメーカーの影響
日本人は何故ニセモノを使うのか？

ハウスメーカーの影響

これほどまでに外壁の新建材化が進んでいる原因には、建築基準法において外壁の防火制限が厳しくなり、そのほとんどが燃えない防火材で造らなければならなくなったことも拍車を掛けている。又、工期短縮、安価、簡単な施工であるために工務店や建築主にも受け入れられたのも原因の一つであろう。

その需要に伴って、各メーカーも競ってその要望に応えるように、多くのデザインを揃えることで、お客のニーズを満足させ、そして、大量に供給してきたものと思う。その結果、日本中の住宅は新建材で埋め尽くされる結果になってしまった。このように建材メーカーの影響が日本の街並景観まで変えてしまった。実に嘆かわしい風景となっている。

日本人は何故ニセモノを使うのか？

街中に反乱する新建材。これらの多くは、タイル調、石張り調、塗壁調、木材調など全てがセメント系の化粧ボードで本物の材質にニセて造られた新建材である。決して本物ではないニセ物で造られている。

しかし、このようなニセ物を本物と思って使っているのか、知らずに使っているのか、安いから使っているのか、あるいは業者にだまされているのか、メーカーの思惑に嵌っているのか定かではないがどちらにしても本物の良さを知って戴くことを願う。もしかしたら日本人はニセモノが好きな人種なのかも知れない?。

潤いのある街並み

ヒメヒオウギズイセン

カタログ商品で造られた街並み

08　地方工務店の存続危機

職人不足は木造建築の危機
日本から左官職人が消える

職人の不足は木造建築の危機

地方に於ける建築生産の多くは設計施工の工務店、建設会社が造っています。もちろん、設計事務所も参画してはいますが圧倒的に多いのは間違いない。特に町村部においてはほとんどと言っても過言ではない。近年ではそこに大手ハウスメーカーの参入により住宅建築づくりの形態が随分と変化して来ており地元工務店への影響は大きいものがある。

このように、町並みや建築風景を造り出しているのは地元の工務店関係者なのである。今、かろうじて高齢化した職人が建築現場を守り続けている状況にある。

少子高齢化は職人の世界にも大きな影響を及ぼしている。この様な状況が続く限り若い後継者や職人がいなくなり、結果的には地方の工務店は存続できなくなると共に在来工法の木造建築の危機となるであろう。

大工職人の道具

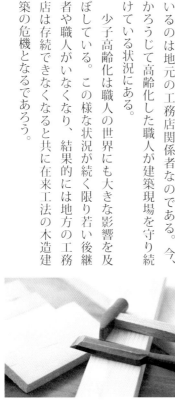

プレカット加工が一般的になった建築現場

08　地方工務店の存続危機

職人不足は木造建築の危機
日本から左官職人が消える

日本から左官職人が消える

新建材が普及すると、左官工事が激減してきた。外壁のほとんどが乾式工法の新建材の化粧ボードとなり全く左官の工事は無くなってしまった。

左官工事があるのは浴室、便所、玄関、ポーチ、テラス、和室などであった。しかし、その施工場所においても乾式工法や工期短縮の影響を受け次第に追いやられてしまった。和室のジュラク塗りはクロスへ、浴室はユニットバス、便所はフローリングの床へと移り変わって行った。

仕上げで見せ場になっていた左官工事は全く影を潜めてしまったのである。今、かろうじて左官工事として生き残っているのは基礎、土間、玄関、犬走りなどのあまり見せ場にならない『縁の下の力持ち』のところだけであろう。また、仕事量も激減し、安い単価の仕事で魅力に欠ける。このような日の目を見ないところの仕事では若い後継者は来てくれない。結果的には日本から左官職人が消えて行くであろう。

左官工事が激減した主な原因は高度経済成長時代に建築ラッシュを迎え、多くの工事を同時に進行させ完成させなくてはならず、それと同時に人件費の高騰に拍車がかかり、工事費の削減を余儀なくされるようになってきたことであろう。そこで、工期短縮と人件費の削減を図る為にこれまでの湿式工法（モルタル塗り）の長い時間のかかる工程を短縮するための乾式工法に日本の各メーカーが競って新しい乾式工法の（化粧ボード）が普及してきた。この普及とともに外壁材を開発し大量に出回るようになってきた。こうなると左官業者の出幕は全く無くなってしまう。

このように、後継者のいない左官業界にとっては間もなく職人が激減し、建築現場に大きな悪影響を及ぼすことは間違いない。実は多くの工務店は大工さんが中心になり施工していると いっても過言ではない。仕事量が少なくなった今、外壁工事が乾式工法の化粧ボード張りということは大工工事なのだ。

従って、左官工事にすると一層、大工工事の量を失いかねない。人間の心理からすると自分だけの仕事は常に確保したいと言う気持ちになるであろう。従って、外壁を左官工事にするこ

左官職人の匠の技をもっと表舞台へ

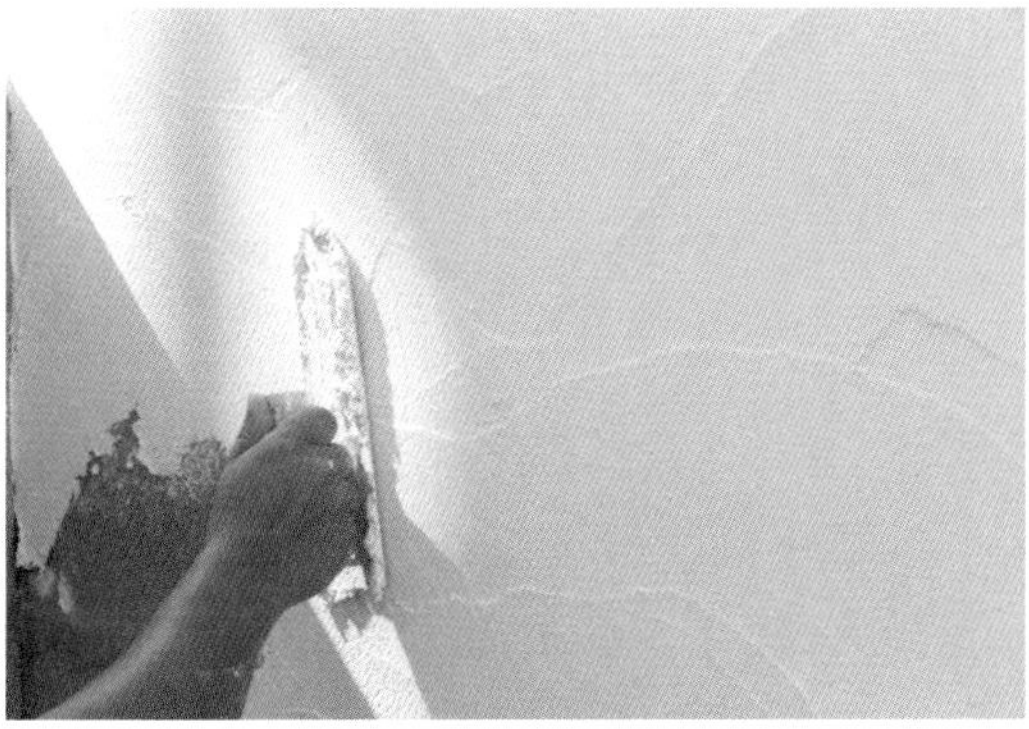

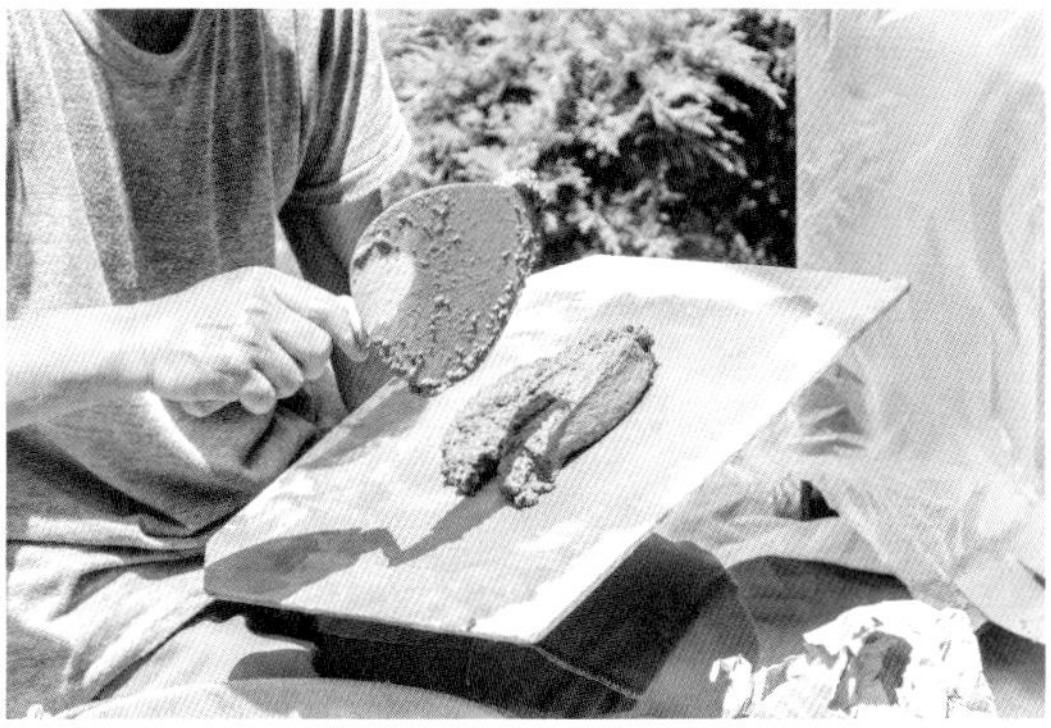

表舞台の仕事が少なくなってきたことは寂しいかぎり！

カンナ

とに抵抗が生じて来るので結果的には左官工事は益々減少していくものと危惧される。

工務店は今こそ将来の建築界の存続、左官職人の消滅を防ぐ為に魅力ある建築づくり、町並み景観づくり、地域の風景づくりに貢献する時ではなかろうか。左官職人等を建築の『絶滅危惧種』にしないで欲しいと願う。

第三章　家の役割とは何でしょう？

09　生活スタイルの変化

欧米の影響が大きい
住まいから火が消える

欧米の影響が大きい

ふすまと障子の文化に対して欧米の壁とドアの文化は、日本の戦後に急速に普及してきた。開放的な和室のスタイルを捨てて、ただ欧米に憧れて応接間、独立した子供室、ベットを置いた寝室など取り入れた。ただ残念なことに全体的に欧米の住宅の規模と比較してあまりにも小さ過ぎた。

　また、暖炉に偽たマントルピールといわれる飾り棚にガスストーブを置き、その雰囲気を楽しんでいた。このように多くの欧米の建築スタイルを真似した洋風と言われた住宅が大量に造られてきた。

　その影響で、核家族化が進み、個室化が進むに連れ、音の洩れない部屋、光の洩れない部屋、気配を感じない住まい、食の匂いを感じない住まいが生まれ次第には家族のコミュニケーションは失われるようになった。結果的には日本人の心づかいや思いやりの心が失われ、自己中心的な人間ばかりが横行するようになった。

　このように、襖と障子の文化がいかに日本人らしさを育てて来たか理解できるのではなかろうか。高温多湿の日本の気候風土が日本人の心を育んできたことを今一度再認識していく必要がある。

シラン

09 生活スタイルの変化

欧米の影響が大きい
住まいから火が消える

住まいから火が消える？

ここ数年の間に住宅の台所設備に大きな変化が生じている。その理由として、地球温暖化防止のために様々な省エネ政策が取られるようになり、住宅設備を取り扱う各メーカーがそれぞれの立場で省エネ商品の開発に力を注いできた。その結果、エネルギーの利点をそれぞれに売り込み勝ち残りの競争が激化するようになって来た。エネルギーの種類としては、電気、ガス、石油、太陽熱、風力などがあるが主に電気、ガス、石油の３本柱の競争は最も激しいものと思われる。

近年では石油の価格が高騰してきているので、石油離れが起きつつある。その結果、深夜電力の利用促進やクリーンエネルギーをうたい文句にオール電化住宅が急速に増えつつある。ボイラーは太陽熱、エコキュート、温水器、コンロはガスに替わりＩＨヒーターへそして電子レンジ、オーブンなどほとんどが電気製品に変わってきている。

また、オール電化は安全、汚れない、火事防止などの理由から若い人から高齢者まで幅広く支持が広がっている。

これまで電化は進んできたがコンロだけはガスで煮炊きすることが多かった。しかし、ガス台が汚れると言った理由などから、汚れないＩＨヒーターへの人気が高まったものと思える。歴史上、人類だけが火を使う動物として進化を遂げてきた。その人類の生活から今、火を使うことが無くなって来てしまうのではと心配するところである。マッチ、ライターを使うこともなく、電熱器を使うこともない時代になってきた。電子レンジやＩＨヒーターは何も見えない電子あるいは磁石の世界で煮炊きをする。

現在、家庭の中で火を使う習慣として残されているのは、ガスレンジ、石油ストーブ、携帯用ガスコンロ、香取線香、そして仏壇で使う線香とろうそくではなかろうか。子供のいる家庭では夏になると花火で火を使うことがある。しかし、ＩＨ、エアコン、電子レンジなどへ移行することで『火』を使う生活は失われて行くのです。このまま進んで行くと、住まいの中から全く『火』が消えてしまうのではと危惧する。

ガスコンロが消える？

IH ヒーター

キキョウ

10　子育てをする空間

子供室の配置は重要

子供室の配置には大きな問題が隠されている。2階にある子供室、1階にある子供室についてもどちらにも共通の問題であろう。当たり前ではあるが、1階と2階とは階段でつながっている。その階段の位置によって大きな影響がある。良く見かける平面図に玄関に入るとホールがありそこから直接、2階へと上がる。別に何の問題もないようなごく普通の住宅である。

しかし、子供のしつけの視点では家族とのふれあいの場がそこにはないのである。つまり、両親の居る居間、台所を通ることなく直接、2階の子供室に直接上がってしまう。『ただいま〜』『お帰り〜』『いってきまあ〜す』『行ってらっしゃ〜い』の会話がそこにはない。

例えば、来客があった場合も全く無視して上がれる訳ですから、来客者にあいさつしないで済むのだ。このような生活を一生続けて行くならば、あいさつのできない子供になっても仕方ないことかも知れない。

分断されることで、子供が今、何をしているの？勉強しているの？寝ているの？照明の消忘れは？部屋に誰が居るの？外にいつ出たの？友達が来ているの？このように分からないことが多いのでは？

また、食事の連絡や風呂の案内ができないなど1階と2階とが分離された世界で生活している状況となりコミュニティが閉ざされることで不便な生活を強いられるなど子供の管理やしつけに大きな影響をもたらす。

出来るだけ階段は家族のいる居間、茶の間、台所、食堂などを通って行けるような配置を心掛けることが子供の『しつけ』のうえで望ましい。平屋の場合の配置においても同様に家族の居る居間、茶の間、台所、食堂などを通って行けるような配置を心掛ける必要がある。

そうすることで、必ず家族とのふれあいができ、また、来客の場合も挨拶できる習慣ができるので、社会に出てから誰にでも気軽に挨拶できる子供に育ってくれるだろう。このように、家庭の『しつけ』は住まいづくりによって大きく左右されるので子供室の配置には十分気を付けることが望ましい。

吹き抜け空間で
つながる子供室

10　子育てをする空間

子ども室の配置は重要
オール電化の落とし穴
火を知らない子ども
火傷をする子ども
ふすま・障子から「しつけ」が生まれる
個室化の弊害

オール電化の落とし穴

家庭の中を見渡すと全てが電化製品で埋め尽くされていることに気づかされる。普段何気なく電気のある生活をしているが、改めて電気で生活している数々の商品をあげてみるとびっくりさせられる。

テレビ、冷蔵庫、洗濯機、掃除機などを始め炊飯器、扇風機、クーラー、電気ボイラー、換気扇、ステレオ、ビデオ、パソコン、ポット、トースター、電子レンジ、ジューサー、照明器具、電話、ファックス、便器、ヒーター、アイロン、ドライヤー、乾燥機、電気カミソリなど、ありとあらゆる生活必需品に使われている。

今となっては電気のない生活はあり得ないほど電気の恩恵を受けており、今更、電気のない生活は出来ないであろう。

しかし、最後に残されたガスの火が家庭から消えて行くことはこれまでの電化の普及とはちょっと違うのではなかろうか。

家族で一家団欒を過ごす唯一の時間は食卓である。食事をつくる台所は家庭の中でも中心的な役割を持つところであり、いつも美味しい料理が生まれてくる場所。子供たちは火を使って料理をする母親の後ろ姿を見て育ちそこには台所のシンボルとして唯一『火』があったのである。

しかし、その『火』がオール電化の普及により次第に消えようとしている。もしその『火』が消えたら一体どのような影響が出て来るのであろうか。その影響は人類の中で誰も経験したことのないことかも知れないので、どのような影響を及ぼすか分からない。

マッチの火

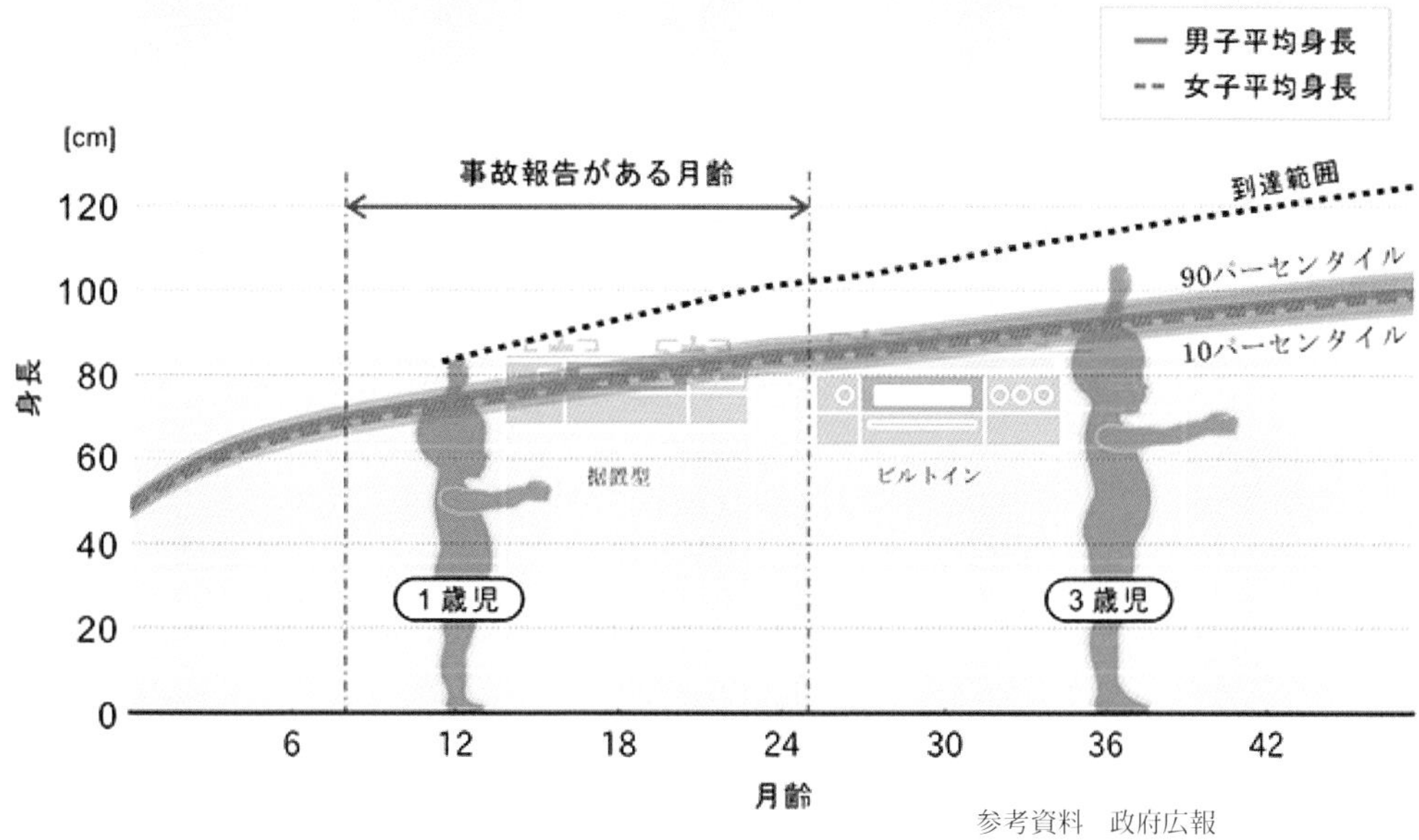

参考資料　政府広報

ガスコンロ

IH ヒーター

10　子育てをする空間

子ども室の配置は重要
オール電化の落とし穴
火を知らない子ども
火傷をする子ども
ふすま・障子から「しつけ」が生まれる
個室化の弊害

火を知らないこども

現在の大人たちはこれまで子供の時代から今日まで、火のある暮らしを体験して来た。特に戦前、戦後の時代を経験された大人たちは、電気生活にはほど遠い生活をしており、先ずは『火』をおこすことから生活が始まった。食事の煮炊き、風呂焚きのためには『火』が欠かせなく、紙にマッチで火をつけ、蒔に火を付けることが日課であった。炊事はもちろんのこと、離れの五右衛門風呂の風呂焚き、囲炉裏の炭火、ゴミの焼却、たき火など全てが火を中心とした生活であった。

ところが高度経済成長と共に急速に電気依存の暮らしとなった。結果的には、電気のない生活はあり得ない今日となってしまった。

その火が失われることにより、今後、新たに生まれてくる子供たちは、火の温もり、熱さ、火の扱い方、火の恐ろしさを知る体験ができなくなったのである。

火傷をする子ども

住まいから火が消えると一体どうなるか恐ろしくなる。人間は生まれたときから三歳までの体験が大人になってからの様々な行動に影響すると言われている。その三歳までの大事な時期に火の温もり、熱さを知らずに過ごし、いきなり、社会で火と接したときなど、火傷をする事故が多発する可能性がある。このまま世の中が進んでしまうと、大人になっても火を知らないと言った世界にやがてなり兼ねない。よくコマーシャルで太陽ってなあに？森ってなあに？空ってなあに？といったようにやがて、『火』ってなあに？といったことになり兼ねない未来がくるのではと危惧する。

三つ子の魂１００までと言われるように３歳までの体験が大変重要だと考える。このような事態にならないためにも、住まいの中に是非、『火』のある生活をして欲しいと願うものです。

火を扱う体験のない子どもが増えている！

マッチ

ろうそく

薪の火

炭火

10 子育てをする空間

ふすま・障子から「しつけ」が生まれる

障子は破れる

障子、ふすまのある住まいで小さい子供がいる家庭ではよく破れた障子を見かける。子供はどう言う訳か障子を破りたがるのです。うっかりならともかくワザと破っていることもあるが親から怒られることでいつの日か破ったらいけないと言うことを学んでいくものだ。

最近では、住宅を造る中で破れない障子はないのか？あるいは貼って欲しいと言う要望がある。しかし、破れない障子を使うと障子紙は破れないものと勘違いし他所に行った時に大きな失敗をしてしまうことになる。本来、障子紙を使うことで高温多湿の地域性では湿度調整をして快適な生活ができるのに湿度を吸収しない樹脂の障子紙では全く機能しない。

本来の和紙で造られた障子紙やふすま紙の役割を子供へのしつけとしてしっかり学ばせることが大切。

破れやすいから子供の頃から破らないようなしつけがされていた。更に、ドアと違って声が隣まで漏れてしまうので、人に迷惑を掛けないように静かに話したり、廊下を歩くときには音をたてるな！と注意し、部屋に入るときは声をかけて入りなさいとしつけられていた。即ち、日本人としての礼儀作法がここから生まれてきたのである。

ところが破れにくくなってくると少々荒っぽく開け閉めしても、簡単には破れないことからつい、礼儀作法もおろそかになってきたのかも知れない。

し　つ　け

子どもに伝えたい「和」のある暮らし

だあ～れだ～障子を破っているのは！！

障子紙を破る子どもこのような光景
経験ありますよね～

10　子育てをする空間

個室化の弊害

子供の要望としていつか自分の個室が欲しいと望むのは当然かも知れない。勉強部屋と言いつつ実は親から監視されることなく過ごしたいと言う気持ちの現れかも知れない。個室を持つことが全部悪いと言うことではない。しかし、小学生、中学生までは見えないドアに鍵をつけ完全にシャットアウトするようなことはやめた方が良いと思う。

　できるなら明かりとりがついているドア、鍵のかからないドアとしてある程度の子供の気配が分かるような部屋にすることで勉強中なのか寝てしまっているのかなど子供の様子が分かるような子供室が良いのではと思う。

解放的

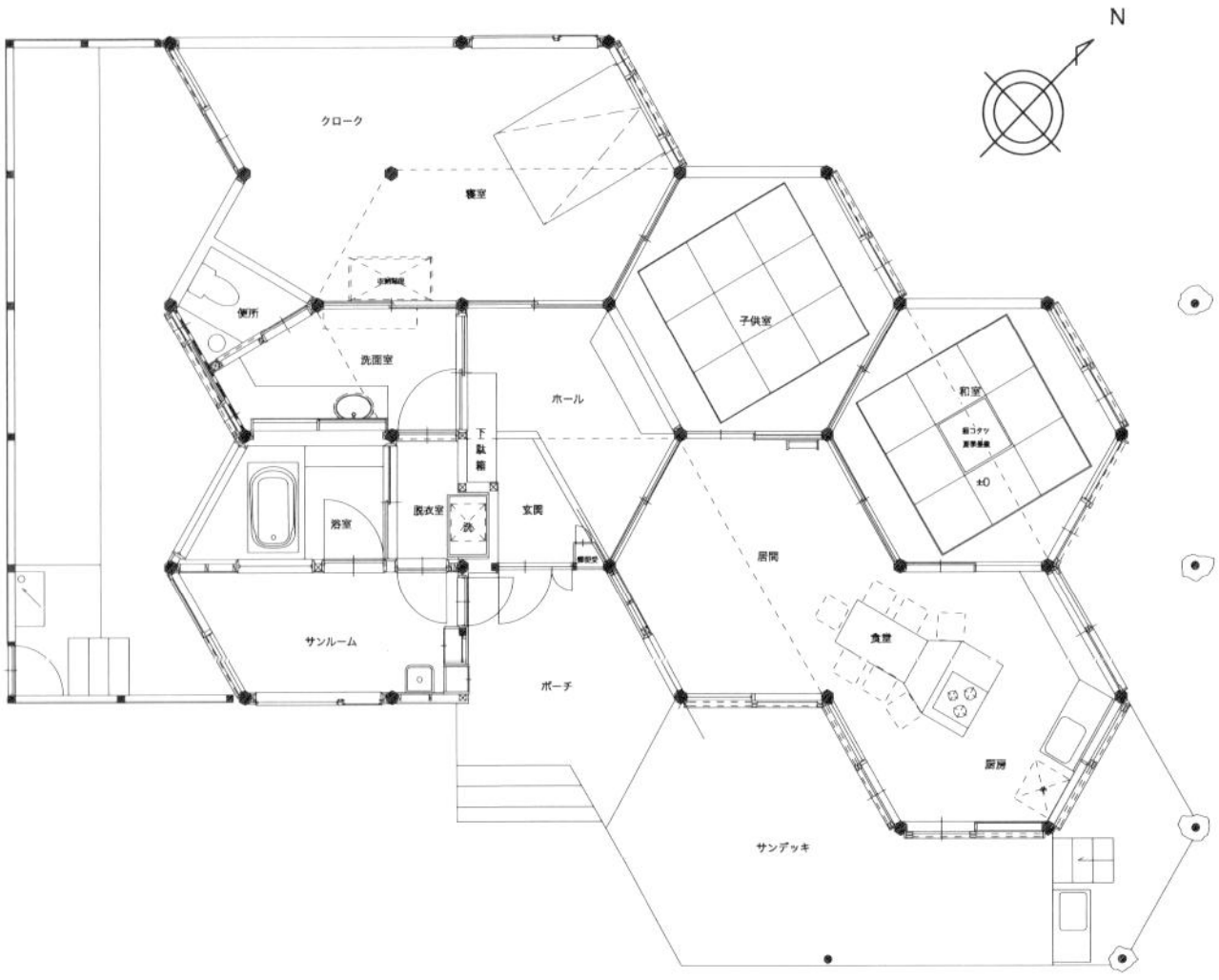

解放的で回遊性のあるプラン

バラ

個室化された子供室

それぞれの部屋が
個室化された閉鎖的なプラン

個室化

11　家族・家庭をつくる空間

薪ストーブに脚光
囲炉裏が消えた
家庭は家と庭
茶の間の役割と一家団欒

薪ストーブに脚光

戦後生まれの昔懐かしの『火』を使った生活から脱却し、近代的な都会生活に憧れ、また、アメリカ型の洋風建築に憧れ永年生活をしてきた日本人。その時代に生き抜いてきた戦後生まれの人、あるいは、戦中を生き抜いて来た人も、高度経済成長で得たものも多いが、失ったものも大変多いのではなかろうか。その人々の中に、昔の良き時代を懐かしむ生活を求めていることも事実である。定年退職後はゆっくり、のんびり生活したいなど、現代社会の騒々しさや、情報化時代に押し流された時間を取り戻す生活にあこがれを持つようになってきたのではと推測する。

更に、現代の住宅はオール電化が進み味気ない生活を強いられているように感じていることで今、懐かしの『火』の温もりや癒しの空間を求め暖炉（薪ストーブ）のある生活を求めるようになってきたのではなかろうか。暖炉の『火』には不思議な力がある。人は『火』を見ると会話が弾み、食事が楽しくなる。また、ずっとそばに居たくなる魅力を持つ。単なる暖房を目的とすることだけでなく薪を集め薪を燃やす作業などコミュニティー回復の効果がある。特にこどもの居る家族には『火』のもつ役割、団欒、しつけなど家庭教育に多いに役立つと思う。

いろりのある住まい

囲炉裏が消えた

昔の住まいには囲炉裏があったものだが、電気、ガスの普及と共にその必要性が失われてしまった。更に、現在の建築基準法で内装制限や排煙、換気など様々な規制でなかなか造れないところがあり、次第に必要性がなくなりついに現代の住宅からは囲炉裏が消えてしまった。

本来、囲炉裏は食卓の場であり、一家団欒の場でもあった。そして来客時のコミュニティーの場でもあった。つまり、常に生活の中心でありコミュニティーの形成の場になっていたのである。更にテレビの普及に伴い一家団欒の中心はテレビへと移ってしまったが、それと同時に失われたものも大変大きなものがあった。それは、テレビ中心となったため家族で語り合う場が少なくなりコミュニティーが希薄になったことではなかろうか。

11　家族・家庭をつくる空間

家庭は家と庭

家庭とは家と庭で成り立つ。そして家と庭が一体化することによってより良い環境ができているのです。住宅をつくるにあたり建築は完成したものの周囲に庭ができないのはすごく寂しい気持ちになります。そして味気ないし殺風景である。庭のない建築は砂漠の中に建っているようなものである。日陰もなく、小鳥や虫たちも来れない、潤いもない。そして四季を感じることもできない。さらに強い風を遮ることもできない。

緑の与える影響は大きい。単に美しい庭をつくるだけでなく、小鳥や虫たち、そして多くの生き物たちを守る環境づくりにもなる。もっと大きく言うと地球環境を守る大きな力となり、生態系をつくってくれる源となる。また一本の樹木は眺めるだけでなく、風除け、日陰調整、目隠しなどにも役立つのである。

スケッチ　伊藤信繁

デッキと庭がつながる落ち着いた空間

11 家族・家庭をつくる空間

茶の間の役割と一家団欒

茶の間の部屋が次第に失われてきているのかも知れない。本来、茶の間と言う部屋は畳の間の生活でリビングであったり食事の場でもあった。昨今、洋室化が進むにつれ茶の間の機能も薄れてきているのではなかろうか。しかし、茶の間と言う機能は家庭の中で家族一同が集まり団欒するところであることには間違いないだろう。

住宅においての最も大切な空間は茶の間であった。日本建築においては畳の間が一般的であり、フスマ障子で仕切られており解放的な空間であった。個室と言われるような部屋はなく、食事、娯楽、、勉強部屋、就寝と多様な使われ方がされていた。常に家族全員がうまく使いこなして生活していたものである。一家団欒水入らずという言葉があるように住まいの中心が茶の間だった。

しかし、現在ではＬＤＫ（リビング、ダイニング、キッチン）が中心となった住まいが主流となっている。リビングにテレビがない住まいはあまり見受けない。テレビを見ながら寛ぐ家庭がほとんどかも知れない。最近では大型テレビやプロジェクターの普及でシアタールーム的な部屋になっていることやパソコンを使いインターネットを楽しむ家庭も多くなっている。

このように昔とはリビングの使い方が違ってきており多様なリビング空間となっている。生活スタイルは変化してきているが一家団欒の場は基本的には大きくは変わっていないような気がする。

ジュズサンゴ

琉球畳を敷いた茶の間

12　吹抜空間の効果と魅力

吹き抜け空間
空間をつなぐ
気配を感じる空間

吹き抜け空間

建築に吹き抜けを設けると感動的な空間ができるかも知れない。しかし、吹き抜けの目的を失ってつくるととんでもない悪影響を及ぼす可能性がある。冷暖房効果や熱の上部への溜まり、照明や清掃などのメンテナンス、音響など多くの問題も持ち合わせている。吹き抜けは、上下階との空間のつながりや上下階の家族とのコミュケーションを深めたりする目的に利用を図るとより効果的な空間となりうる。

玄関の吹抜け
居間の吹抜け
階段の吹抜け
階層の違いをつなぐ

空間をつなぐ

コミュニティーが生まれるように、1階と2階を曖昧につなぐことを考えると良い。家族の居る空間と2階の子供室を吹抜けなどでつなぐことで、2階の明かりが洩れ、音が僅かに洩れ、匂いが洩れる。電気の消し忘れのチェック、大声の会話に注意、食事のかけ声、風呂の掛け声ができるなどコミュニケーションが取り易くなる。また、空間がつながることで一つの住まいとして一体感ができると共に、家族同士のお互いの気配が感じられ、程よい家族関係が確立できるようになる。

このように吹抜けで空間をつないだり、階段でつなぐ方法があるが、どちらにしても1階と2階の空間を気配で感じるように曖昧につなぐことで、いつの間にか、そこに住む人の価値観や人生観を変えるような影響を持つことになる。

気配を感じる空間

小さな子供がいる家庭では子供がどこにいても気配が分かるような部屋の使い方レイアウトを考えておくと良い。子供の行動を全て把握することは大変難しくどこにいるのかさえ分からなくなることがある。どこにいても声が聞こえてどんな行動をしているか分かるように気配を感じる住まいづくりが望まれます。

スケッチ　伊藤信繁

２階とつながる吹き抜け空間

食堂の吹き抜け空間

13　住まいは楽しく

- 食事は楽しく
- 入浴は快適に
- 趣味を楽しむ
- アプローチは楽しく
- 階段は楽しく
- 廊下は散歩道
- 照明効果を楽しむ

食事は楽しく

　ライフスタイルで大きく変わった一つに食生活が上げられる。茶の間の座卓やコタツでの一家団欒のスタイルが食生活の主であったのが、最近では小子化、核家族化で大家族一緒に食事をする家庭が少なくなってきた。特に共稼ぎの家族が多くなり夫婦の時間帯までもバラバラになり、家族が一緒に揃って食事をする機会すら少なくなってきた。

　本来食事が一番楽しい場でコミニュケーションのとれる空間であったはずが、次第にその役割が薄れて来たことは残念でならない。台所の一角や隅っこで細々と食事をするようなことは是非やめて欲しい。食堂は住宅の一番良いところに設け、庭を眺めながら、日の当たる快適な空間で音楽を聞きながら、あるいは暖かで柔らかい照明の雰囲気の中で楽しく食事を楽しんで戴きたいものである。

　DK（ダイニングキッチン）は多くの住宅で取り入れられ普及した。公団住宅を始め建て売り住宅、メーカーハウス、マンション、民間アパートなど必ず〝…DK〟で表示されるほどになった。そして台所で食事をするのが当然のように思われた。しかし台所で食事とはあまり雰囲気が良いものではない。常に片付けがされてきれいであればそれほどでもないが、主婦はいつも忙しくいつも台所がピカピカとは限らない。本来食事は毎日の一番の楽しみな時間である。家族が一同に会して団欒する唯一の空間でもあるのです。出来るなら食堂は台所とは分離し設けた方が魅力的で楽しい。

　音楽を聴いたり、テレビを見たり、庭を眺めたり、あるいは風景を眺めながら楽しい食事がしたいものである。又野外空間と連続させる工夫をすると、よりいっそう楽しみが増える。

カンナ

玄関横にある食堂空間

庭が見える DK 空間

13 住まいは楽しく

食事は楽しく
入浴は快適に！
趣味を楽しむ
アプローチは楽しく
階段は楽しく
廊下は散歩道
照明効果を楽しむ

入浴は快適に！

お風呂は一日の疲れを取りリラックスできる空間である。限られたスペースの中では浴室に割り当てられる空間は少ない。ほぼ1坪程度の小さなスペースで窓が小さく、又北側の陽の当たらない空間では入浴が楽しい空間とは言えない。窓が高い位置にあるといっそう狭苦しい。材質もタイルの床や壁、そしてホーローの浴槽が主で味気ない空間である。入浴を楽しくするには窓の位置を低くし開放的にして庭を眺めたりトップライトを設け星を眺めたり、あるいは坪庭を設け楽しむ空間が欲しい。

又素材も出来るなら石材（鉄平石、砂利、御影石、自然石等）や木材（桧、ヒバ等）、塗り壁を取り入れ素朴でナチュナルな仕上げにするといっそう魅力的な空間が創出できる。

広くない浴室が正方形だと洗い場が狭く使いづらくなる。一般的に浴室は広いスペースが取れない。大まかに1坪前後が一般的であるため長方形にするとバランスの良い空間ができる。浴槽のサイズはゆったりした方がもちろん良いが大きいと燃料代がバカにならないので気をつけたいところである。

星空と庭を楽しむ浴室

眺望を楽しめる浴室

13 住まいは楽しく

食事は楽しく
入浴は快適に！
趣味を楽しむ
アプローチは楽しく
階段は楽しく
廊下は散歩道
照明効果を楽しむ

趣味を楽しむ

家族にはそれぞれの趣味や仕事があるので楽しむ時間帯や楽しむ部屋なども異なることが一般的である。またその時の年代でも大きく異なってくる。住まいは家族の成長と共に利用形態も異なります。家族団欒は家族が一緒に楽しむ場である。

しかし、趣味などにおいてはそれぞれの個室であったりコーナーで楽しむなどの場も考えておくことが大切です。

例えば音楽、絵画、ゲーム、囲碁、生花、お茶、など室内で楽しむ趣味であったり、バイク、釣り、登山などアウトドアーで楽しむ趣味があります。これらの趣味を活かす部屋の要望や屋外の部屋なども要望の一つに加える必要がある。

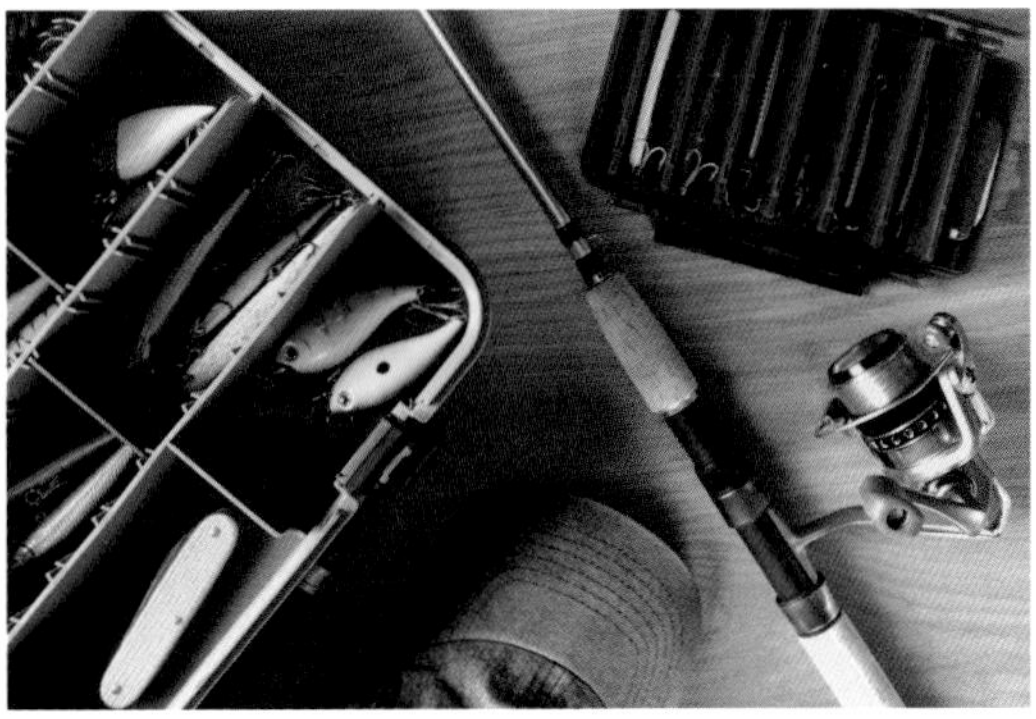

楽しむ家づくり

趣味を楽しむ居間空間

13　住まいは楽しく

食事は楽しく
入浴は快適に！
趣味を楽しむ
アプローチは楽しく
階段は楽しく
廊下は散歩道
照明効果を楽しむ

アプローチは楽しく

皆さんも多くの旅を経験したことがあると思う。最初に多くの行き先のパンフレットやガイドブックなどを購入して行先の観光スポットやホテル、美味しい食べ物店、土産物店、遊びのスポット等々、夢がふくらみワクワク、ドキドキする。旅そのものも楽しいのだが、その準備する過程、すなわちアプローチの部分が楽しいから、目的となる旅も一段と楽しいものになるのかも知れない。

建築においても玄関までのアプローチは旅と同様、もう一つの楽しみの場、空間でもあるのです。それだけにアプローチの持つ役割は大変重要である。建築の善し悪しもアプローチ次第でどうにでもなる。

ゆっくりカーブしたアプローチ

階段は楽しく

階段は２階に上がるだけの機能だけではない。しかし、急な直通階段であったり廻り階段であったりすることが多く上がりにくい場合が多い。そのために２階に上がることが苦痛になったりあるいは危険な階段となる場合がある。

本来ならば１階から２階までの移動空間は最も楽しい空間でなければならない。住まいの中で上下に移動でき視線が変化する空間は階段です。この視線の移動する空間が魅力的で楽しい空間になれば魅力も増大してくる。上がりやすくゆったりとした階段づくりを目指して欲しい。

踊り場はギャラリー

階段は楽しく

中庭とリビングに浮遊する階段

は何でしょう?

⇧　廊下は寄り道ができる楽しい空間

廊下は散歩道

廊下は単に部屋と部屋をつなぐ通路だけのものではない。気になることがある。それは、狭苦しい廊下や暗い廊下、陰気な廊下、直線の廊下、突き当たりに便所の出入り口の見える廊下、これらには全く快適性は見れないし、魅力がない。道は楽しい方が気持ちいい。花畑があり、小川があり、公園があるような道は本当に楽しい。どんなに長い道のりでも時間を忘れ楽しく歩ける。廊下は楽しい道として考えたいものだ。

ツリバナ

照明効果を楽しむ

照明器具を選ぶとき、ついデザイン優先の選び方をしてしまう。各々の単体のデザインは良いのだが、あまりにも目立ち過ぎて部屋全体の魅力を失ってしまっている。本来、照明には様々な目的がある。本を読むときは照度を必要とし、食事を楽しむときは雰囲気を重要視するなど様々である。目的に合わせて直付ライト、スポットライト、ダウンライト、間接照明、フットライト、スタンド照明などを使い分けることが大切である。またランプの種類に依っても与える影響が大きく、また、高さや数量、調光に依っても演出効果が変わるものである。

14 コミュニティの場をつくる

デッキでつなぐ
縁側でつなぐ
軒下空間を活かす
座る場は重要
境界線はつなぐ装置

デッキでつなぐ

縁側がなくなった現代ではコミュニテイーの場として有効な空間はウッドデッキかも知れません。内部空間と外部空間をつなぐ装置としてまた野外での食事、サロンの場、寛ぎの場として様々な機能がある。また、庭と一体となった景観づくりや癒しの場としても魅力的な空間となる。

軒下空間を活かす

高温多湿の日本では軒先の出を深くすることや下屋を設けるなどして雨の日でも楽しめる様な空間づくりをすることで様々な楽しみ方ができる。特に梅雨の時期は庇がないと窓を開けることもできず、洗濯物を干すこともできない。できるだけ深い軒下空間を設け快適な生活を楽しんで頂きたい。

縁側でつなぐ

縁側のある空間は少なくはなっているがその役割は今でも大切な空間と言える。リビングと縁側、和室と縁側、食堂と縁側など様々な可能性がある。縁側を造ることで外部空間との繋がりや近隣の交流を深める装置ともなり得る。縁側を活かす環境づくりが重要な課題なのかも知れない。

ヒオウギ

空の下のリビング

14　コミュニティの場をつくる

デッキでつなぐ
縁側でつなぐ
軒下空間を活かす
座る場は重要
境界線はつなぐ装置

座る場は重要

高齢社会における住まいづくりで最も必要な装置として玄関先やテラス、アプローチなどにちょっと一休みできる座る場を設けることではなかろうか。特に買い物などで荷物を多く持っている時など荷物置き場になったりちょっと一休みできる空間として大切な装置となる。

境界塀はつなぐ装置

敷地と公道との境は敷地境界線である。この境界線に直ぐに造られるのがブロック塀ではなかろうか。何もブロック塀をつくることが悪い訳ではない。問題は縁を切る道具になっていることである。本来の縁はつなぐものという意識のもとで造られるなら、公道と敷地を美しく活かすように造られるはずである。

しかし、縁切りのために造られているから、意匠のこと町並み景観のことなど全く意識されないまま造られてしまっている。そのために醜いブロック塀となっているのである。もし、少しでも、つなぐ意識があれば塗り壁にしたり植栽にしたり、あるいは石積み、板塀など景観に配慮したデザインをするはずである。

座る場はおもてなし空間

～これだけは知って欲しい家づくりのポイント～

15 通風と採光で快適な生活を！

風通しの良い住まいとは
風の出口を忘れずに
ドアの位置と向き
西日は避ける
路地の風は涼しい
冬と夏の風向きを考慮

風通しの良い住まいとは？

南側に大きな窓を設ける。高温多湿の日本では当然と言えば当然のこと。しかし、果たしてそれだけで風通しの良い住まいといえるだろうか？大切なことは風の出口をつくることである。南側に面する部屋には風が入るが北面の部屋に風が入らないことが多い。風はどの部屋にも入り抜ける工夫が必要である。中廊下で通風を妨げられたり壁とドアで閉ざされたりすると空気がこもり蒸し暑い部屋となる。涼しく感じるのは人の身体に直接風が当るからであり横や上を吹き抜けても涼しくはない。扇風機の風は直接身体に受けるから涼しいのである。

和室における出口の窓はなるべく床面に設ける。なぜなら畳の上に寝転がることが多い。従って畳から３０センチ程度のところを風が吹き抜けるとき始めて身体に風を受けることができ涼しく感じるだろう。

風の出口を忘れずに

通風を考えるとき最も大事なことは風の入り口と出口をつくることである！南側の窓は大きく取るに対し出口に当たる窓はあまり意識がなく意外に忘れがちである。これではせっかくの風も通り抜けることができず、暑い部屋となってしまいます。出口にあたる場所は北側あるいは北西、西側にあたるため、窓を開けると冬の冷たい風が入ってくるからという理由で壁になるケースが多くなる。しかし、冬の風は窓を締め暖房をすれば解決する。しかし、夏の暑さは冬より長く、厳しいものがある。

日本の住宅は基本的には夏向きに造る事が快適に過ごす一番の対策ではなかろうか。出口に設ける窓は大きくする必要はない。

水道のホースをつまんで水を出すと勢い良く飛び出すように、風も取り入れ口を大きく出口を小さくすることにより、風は部屋の中を勢い良く通り抜けていき、部屋の中は涼しくなる。全ての部屋に風が通り抜けるよう入り口の窓、出口の窓を考慮して平面計画を行うことで快適な住まいが造れる。

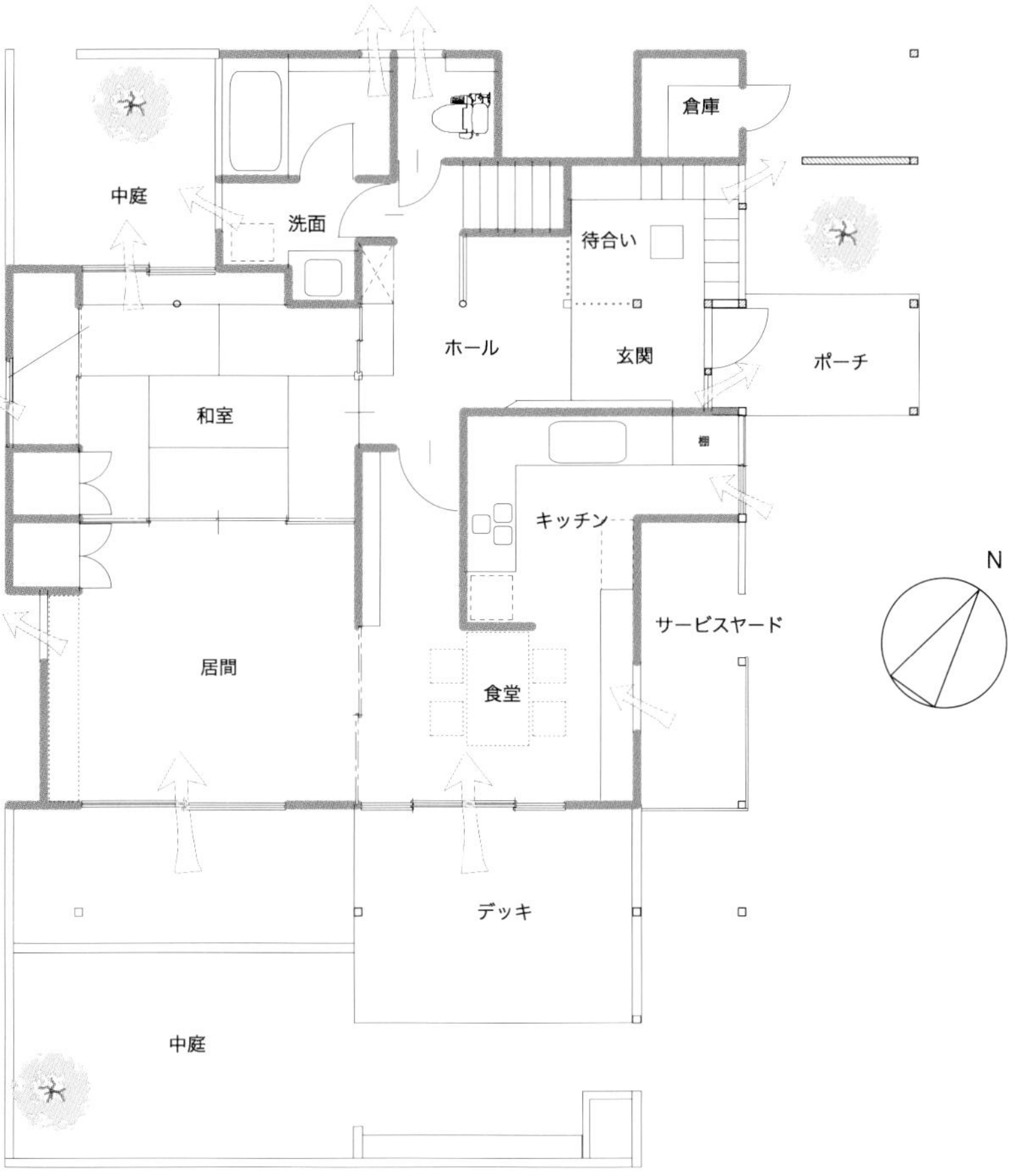

風通しの良い住まいは「入口」と「出口」が重要なポイント

ドアの位置と向き

敷地条件や平面計画によって西側、北側に玄関のドアを設ける場合が出て来る。このような場合は北西の冷たい風を防ぐ工夫をして於かなければならない。その対策を怠るとドアを開けた瞬間に冷たい風が部屋の中に吹き込んでしまう。暖房した暖かい部屋も一瞬にしてゾクゾクと震え上がってしまう。先ずはドアの吊りもとを替えるだけでも風を避けることが出来きる。

つまり北面のドアの場合吊り元を西側にして東側を開くことで風を防げることができる。また、風を防ぐような塀や壁を設け、風を避ける工夫をする。たったこれだけの工夫で快適に過ごせるのである。

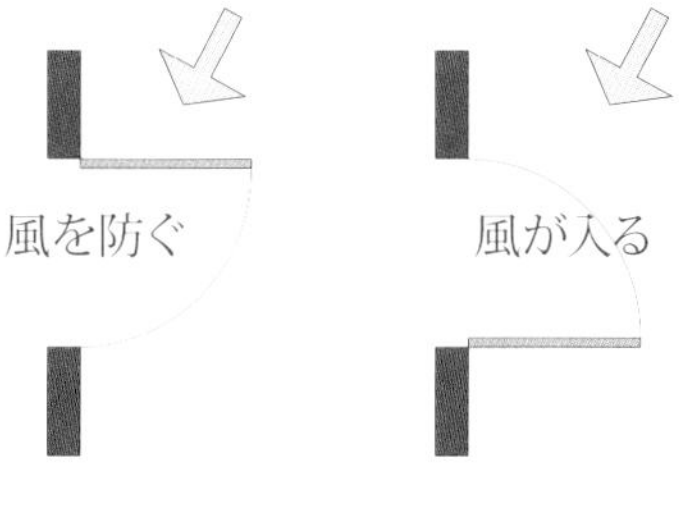

15 通風と採光で快適な生活を！

風通しの良い住まいとは
風の出口を忘れずに
ドアの位置と向き
西日は避ける
路地の風は涼しい
冬と夏の風向きを考慮

西日は避ける

夏の夕方から差し込む西日は強烈な暑さである。日中は太陽の高度が高いため日差しが部屋の奥深く差し込むことはない。ちょっと軒が出ていたり、庇などが設けてあればほとんど防ぐ事が出来る。しかし、３時過ぎから太陽が沈むまでは、太陽高度が低くなるので、軒や庇では日差しを防ぐことは出来ないのである。

従って、最も暑くなるころから部屋の中に熱謝が入り込み部屋の中は地獄のような暑さになってしまう。ここで、大切な事は南西向きの壁に設ける窓は西日のことを十分把握した上で大きさや形、高さなど決める必要がある。

1 出来るなら大きな窓を設けない。
2 西日を受ける窓の面積は少なく
3 窓を低い位置に！
4 窓の外にルーバーなどで遮光
5 外に樹木を植える
6 壁緑化を図る

路地の風は涼しい

昔から露地の風は涼しいと言われている。何故でしょう？隣との境界にわずか５０センチから１メートルしかない露地空間。採光もなく暗い空間。人も通れない狭い空間。ほとんどが誰も通る事がないため、ゴミ溜め見たいに汚い空間となっていて見向きもしない。しかし、風は常に通り抜けている。日影でじめじめした空間でもあるのでひんやりとした風が通り抜けているのである。自然が創り出した天然のクーラーを住まいにうまく取り入れることを考えると快適な生活ができる。窓の外に風を受け止める小さな障壁を設けたり窓の向きをちょっと工夫するだけで思わぬ自然のクーラーを手に入れることが出来る。

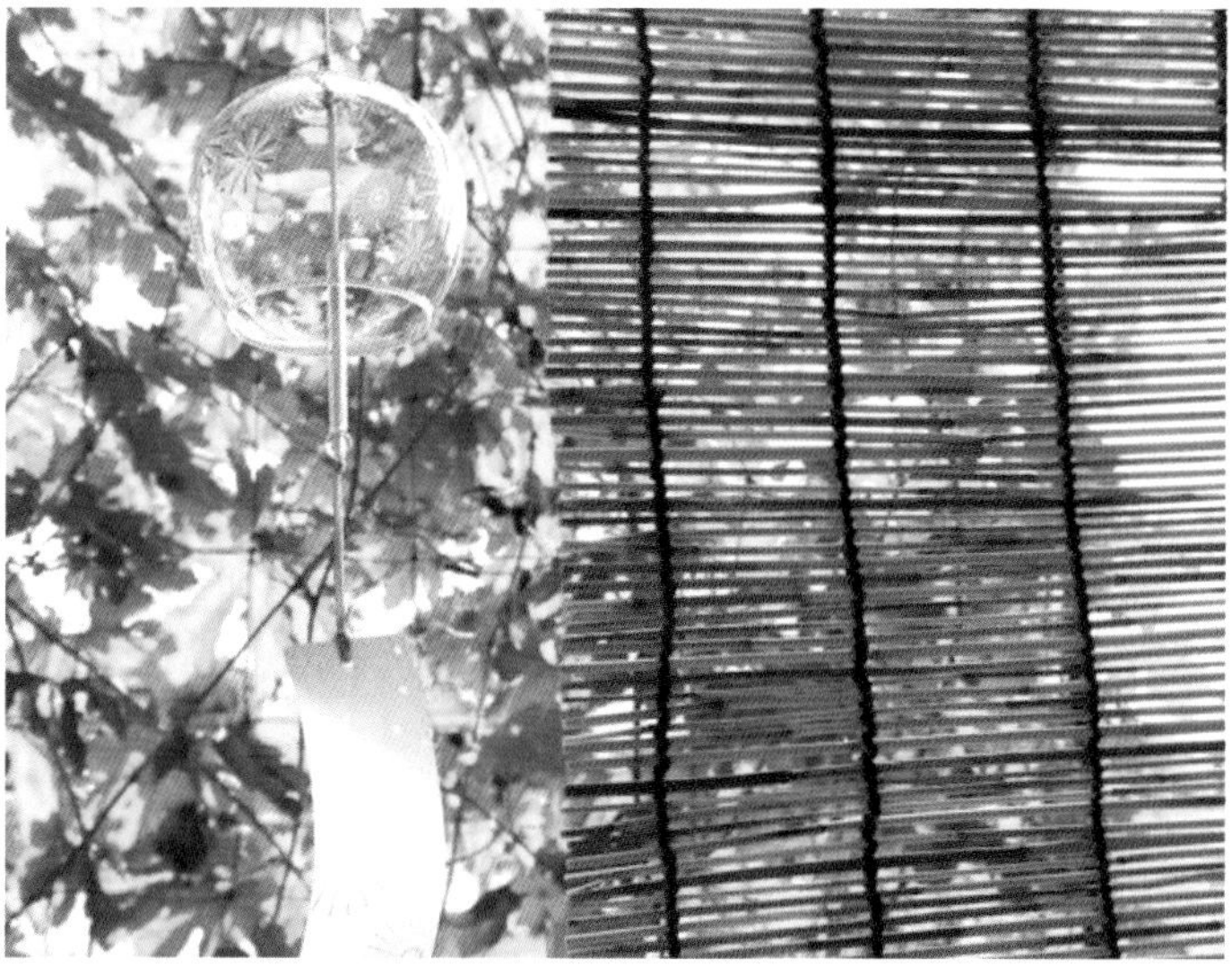

緑化＆すだれで遮光

西日を避ける

冬と夏の風向きを考慮

四季により風向きは異なる。

冬は西、北西、北風が多く冷たい風が吹き付ける。一方夏の風は南、南東、東の風が吹きます。当然、雨の時にも同じような風向きとなる。これらの気象条件を加味した窓、庇、軒の出などの対策をすることが重要となってくる。

16　夏を快適に過ごす技

断熱はしっかりと　　庇の役割は大きい
体感温度を知る　　外壁に日影をつくる
風鈴で涼しさを味わう　　ルーバーの効果
扇風機の風は涼しい　　壁面・屋根の緑化

断熱はしっかりと！

断熱のない住宅と断熱をしっかりと入れた住まいとでは天と地ほどの差を感じると思う。保温器に入った氷とガラスコップに入った氷を比較すると分かるように全く溶ける速さが違うと思います。

太陽の熱が最も当たるのは屋根です。次に外壁です。中でも方位から判断すると南面より南西面の方が当たる時間と角度が大きいのでその面の断熱をさらにしっかり施工する方法も一つであろう。

風鈴で涼しさ味わう

昔から暑い夏には縁側に風鈴を吊り下げ涼しげな風鈴の音で涼を楽しんでいました。音だけで涼しい訳ではないが風鈴の音だけでも気持ち的に涼しく感じることができるのです。他にも滝やせせらぎの音、木の葉の囁く音でも涼を感じる。

現代では高気密高断熱の中でエアコンで快適な生活を楽しむようになってしまい、自然を感じて涼しさを味わうことが少なくなり寂しい気持ちになるのが、ＳＤＧｓ（持続可能な開発目標）が示される中、今一度、住まいのあり方を見直すことも大切なことではなかろうか。

体感温度を知る

体感温度は気温、湿度、風速によって全く異なってくる。例えば（Ａ）気温３０度、湿度３０％、風速３ｍの場合に対して（Ｂ）気温３０度は同じでも湿度８０％、風速３ｍの場合を比較すると（Ａ）の場合はさらっとして快適な体感温度となり（Ｂ）の場合は蒸し蒸しして大変暑く不快感を持つ。このように温度、湿度、風速によって体感温度は全く異なる。さらには同じ温度、湿度、風速であっても周りの環境（天気、木陰など）によっても大きく左右する。

陶器とガラスの断熱効果の比較

せせらぎの音

断熱効果

木の葉のささやき

扇風機の風は涼しい

扇風機の風は何故涼しいのか?風に当たっても気温、湿度が変わる訳でもない。気化熱により体温が下がることで涼しく感じるのです。無風の時と風がある時の比較と同じで扇風機などは風が当たると涼しく感じる。このように温度、湿度が一緒でも涼しくなるのである。

体感温度を下げる

●身体に風を当てる

人間の身体は風速1m/sで体感温度が1度下がると言われています。扇風機の風が当たれば体感温度を2〜3度下げることも可能

扇風機を使う

うちわを使う

●日除材を使う

ヨシズ、すだれ

●熱を逃がす敷物

ゴザ、タケシーツ、藤

●湿度を下げる

吸湿性を高める

杉、珪藻土、漆喰
フスマ、障子、畳
カーテン、書籍

除湿器を使う

●保冷剤を使う

●音、香りで清涼感

風鈴、アロマ、音楽

夏を快適に過ごす技

断熱はしっかりと
体感温度を知る
風鈴で涼しさを味わう
扇風機の風は涼しい
庇の役割は大きい
外壁に日影をつくる
ルーバーの効果
壁面・屋根の緑化

庇の役割は大きい

高温多湿の日本では特に梅雨時期の生活を考える必要がある。壁と窓は通常同じ面に収まっているから雨が降ると壁を伝わって窓から雨水が浸入してくることを皆さんも経験した事があるのではなかろうか。夏の風は南、南東の風が通常、吹いている。夏の暑い日は風をいれ涼みたいところだが雨が降るとせっかくの涼しい風を入れる窓から雨が打ち込み締めなくてはならない。特に引違い窓の場合は防ぎようもない。

そこで、窓の上に、10センチか15センチ程度の小庇を設けると壁に伝わって流れ落ちた雨水は窓面に直接伝わる事がないので、雨水が窓から入る事が少なくなる。このようにちょっとした庇で少々の雨くらいは窓を開けたまま過ごすことができるのである。出来る限り窓上に庇を付ける事をお進めしたい。

雨の日でも快適な生活を楽しみましょう

16　夏を快適に過ごす技

外壁に日影をつくる

夏場の気温が３０度〜３５度の場合、外壁の温度は５０度〜６０度の温度となる。材質において変化するものの外壁の表面温度はかなりの高温なのである。特に西日を受ける面は高温となる。断熱材を入れて室内温度を下げることになるがその効果を上げるためには外壁に直接、太陽光を当てないことである。日影になれば１０〜２０度程度も下げられるのでエアコンの省エネにもつながる。

その対策としてすだれを使う、日除けシェードを使う、グリーンカーテンをつける、樹木を植えるなどがある。

ルーバーの効果

窓の外にルーバーを設け日影をつくることで、涼しい風が吹き抜け快適な環境をつくることができる。多少雨が降っても雨の吹き込みを止めることができるので自然の風を取り入れる効果がある。

特に留守するときには窓の戸締りをして外出すると思うが、引き違い窓や開き窓では防犯上において完全に閉めなくてはならない。そのために帰ってきたときは部屋の中が蒸し風呂状態になったことを経験されたことがあると思う。しかし、ルーバーサッシュであれば少しだけ隙間を開けて外出すれば部屋の中の空気が動いているので帰ってきたとき快適に過ごすことができるのである。

⇧ ルーバーの効果

壁面・屋根の緑化

壁面・屋根の緑化は断熱効果にすぐれた施工方法である。全面的に施工すると省エネ効果は大だが費用もそれ相応にかかるので、西日を受ける外壁面とかあるいは窓面に行うことで省エネにつながると共に景観づくりにも大きく貢献できるのではなかろうか。

日影

⇩ 屋根の緑化

⇩ 壁面の緑化

17 屋外環境づくりで快適に

緑化する
表層の仕上げ材
芝生とアスファルト
水打ちをする
井戸水の利用
敷地に日影をつくる
犬走は何故つくるの？

緑化する

敷地全体を緑化することで周辺の気温を下げる効果がある。樹木を植えるだけで日陰をつくり地表面の温度を下げることができる。また樹木そのものが水分を多く含んでいるので建物の表面温度と比べ温度が低く保たれている。従って周辺環境の温度が下がり室内への涼しい風が流れ込んでくるのである。

表層の仕上げ材

外部空間の仕上げによって大きく温度が異なる。アスファルト、コンクリート、タイル、石、土、水、池、芝生、菜園など様々な素材で造られている。これらの素材で表面温度は全く異なってくる。

熱を吸収する材料や反射する材料、蓄熱する材料などを使い分けることで快適な環境づくりができる。

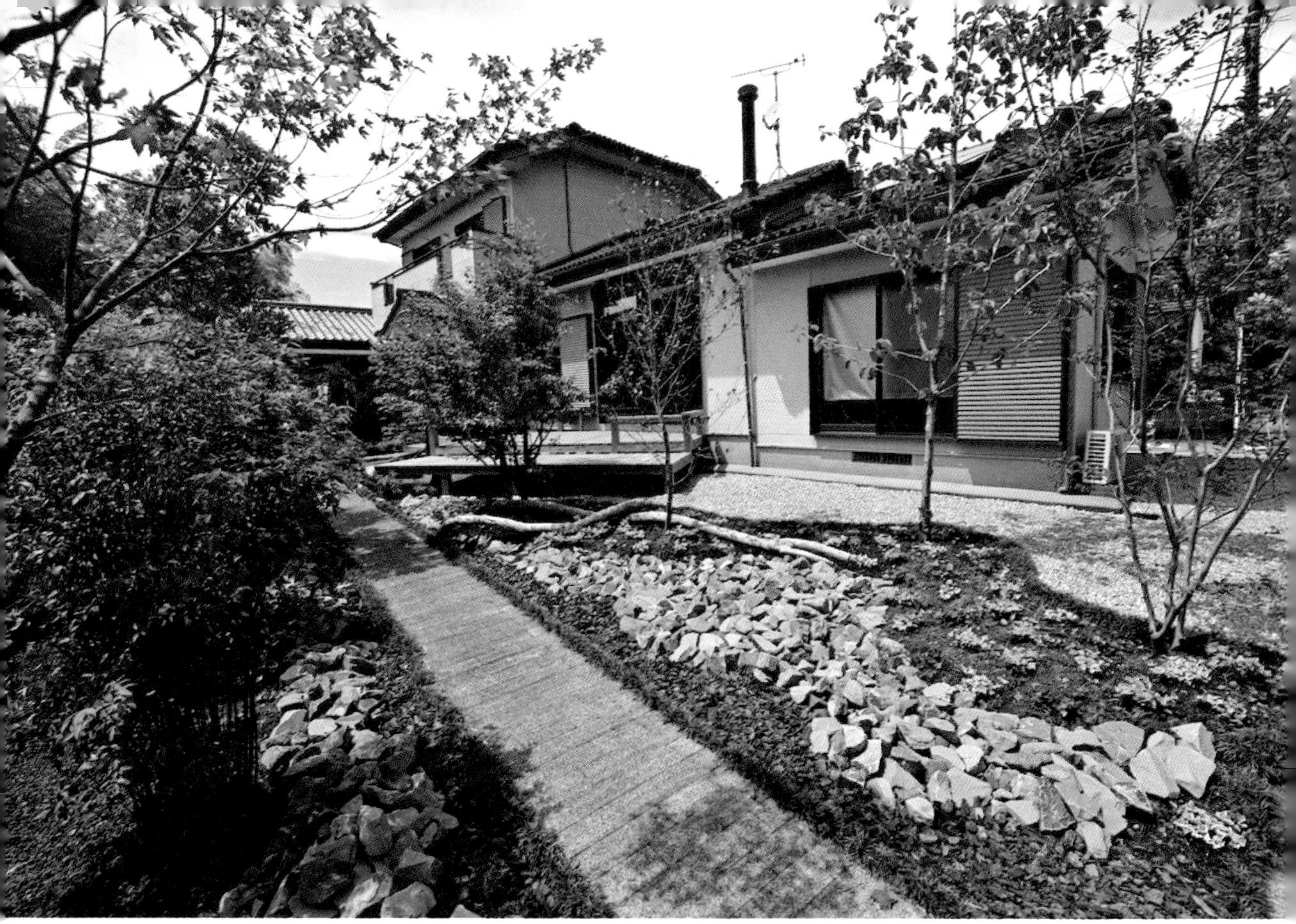

緑化で快適な住まいづくり

植栽
芝生
砂利
木材

17 屋外環境づくりで快適に

- 緑化する
- 表層の仕上げ材
- 芝生とアスファルト
- 水打ちをする
- 井戸水の利用
- 敷地に日影をつくる
- 犬走は何故つくるの？

芝生とアスファルト

周りの地表面をどのような材料で仕上げるかで気温や環境が大きく変化する。例えばアスファルトと芝生を比較すると午後の最高温度は芝生約４０度、アスファルト約５７度とその差は１７度にもなる。従って芝の上の風とアスファルトやコンクリートの上の風とはでは大きく違うので外気の風を室内に取り込むとが部屋の温度にも大きく左右するのである。夏を涼しく過ごすには周辺の地面をアスファルトやコンクリートにすることをやめて芝を張ったりあるいは木材のチップ、木材、断熱性の高い砂利などを敷き地表面の温度を下げる仕上げにすることが重要と考える。

風が吹いているような時には窓を開放して外気を取り入れ涼しく過ごしたい。しかし全面道路がアスファルト舗装そして敷地がコンクリート舗装のような環境では窓を開放して風を取り込むと室内には熱風が吹き込んで逆に熱くなってしまう。結局、窓をしめてエアコンを入れないと過ごすことができない状況になってしまうのです。省エネではなく更にエネルギーを消費する結果となる。

水打ちをする

地表面を下げる方法として昔から水打ちするという手法があり、朝夕に水打ちすることで地表面の温度が下がり涼しくなる。冷やされた空気を室内に取り込むことで快適に過ごすことができる。エアコンのない時代にはこのような生活の知恵で夏の暑さをしのいでいたものである。

周辺の環境整備

地面の種類による表面温度

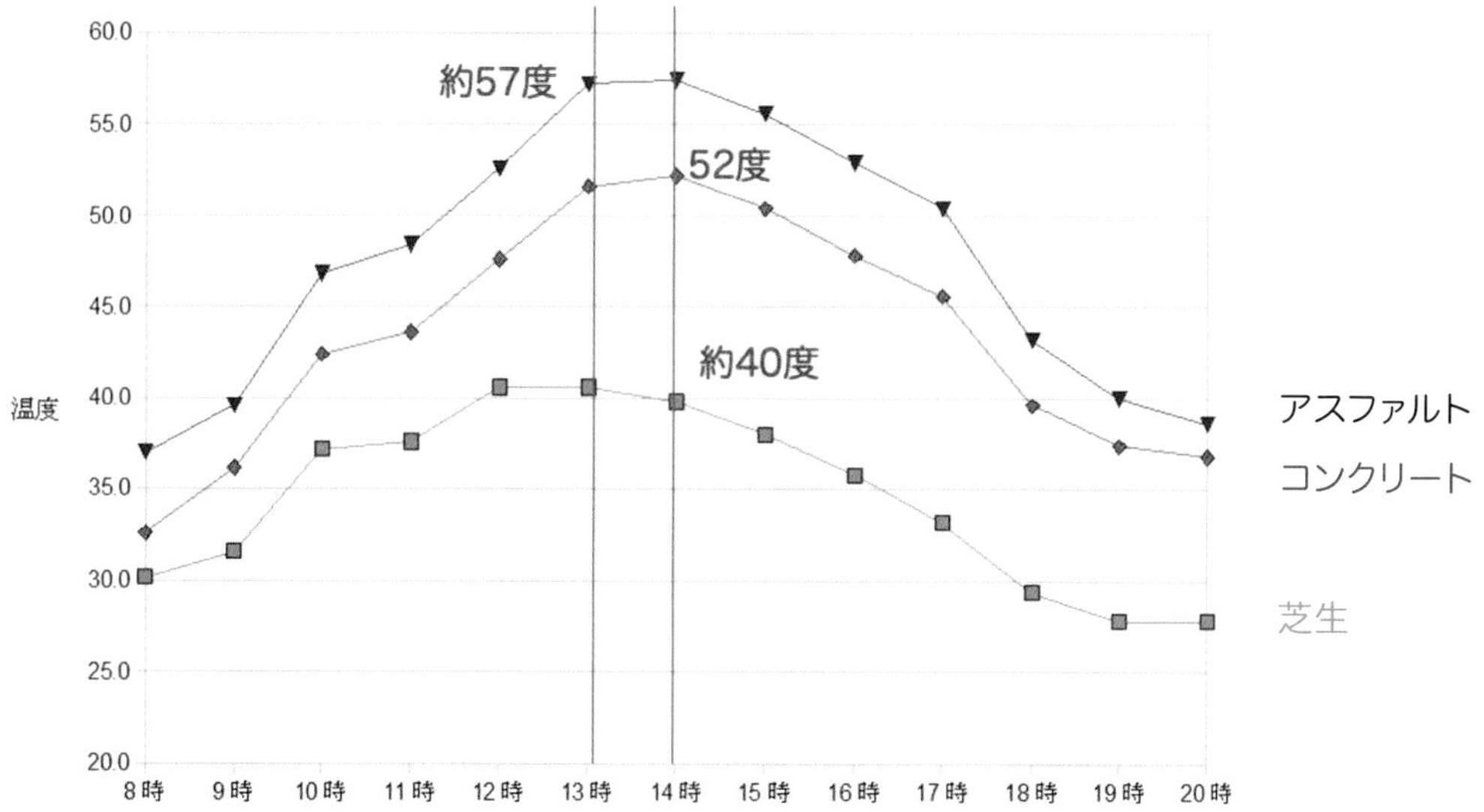

涼しい芝生の庭

暑いコンクリートの庭

17　屋外環境づくりで快適に

緑化する
表層の仕上げ材
芝生とアスファルト
水打ちをする
井戸水の利用
敷地に日影をつくる
犬走は何故つくるの？

井戸水の利用

井戸水の利用は地球環境に優しく省エネにも大変優れている。庭の水やりや洗い物、掃除など様々な利用ができる。また年中通して一定の水温が確保されるため地下水を使った冷暖房などにも採用できる。また、屋根に降った雨水をタンクに蓄えて庭の水やりなど行うこともできる。地球温暖化で世界中が干ばつ、洪水が多発する現在において今後積極的に採用していくことが地球に優しい住まいづくりではなかろうか。

敷地に日影をつくる

最近の住まいづくりにおいて手入れすることがないような新建材に注目が集まっている。同時に外構においても雑草が生えないようにコンクリートで張り巡らせたり植栽のない環境が多くなっている。その影響で住まいの周りは日射を直接受けて地面の温度が上昇し暑い環境となっている。できるなら敷地内に日影を落とす塀や植栽などを行い敷地に日影をつくり快適な環境づくりを行うことが必要である。

快適な環境づくりを行う

井戸ポンプ

雨水タンク

地球に優しい住まいづくり

木影をつくる

17 屋外環境づくりで快適に

犬走は何故つくるの？

家の外周にコンクリートで造られた犬走と呼ばれる場所がある。何故か同じ幅で造られていることが多い。造っている人に何故コンクリートの犬走なの？と問うと皆さんがつくつているとか、雑草が生えないように造っているなどの答えが返ってくる。果たしてそうだろうか？と単純な疑問が湧いてくる。

雑草対策であればコンクリートだけではなく砂利や化粧砂利を敷く、タイル石を張る、ウッドデッキにするなど様々な方法がある。また周囲を同じ幅で造るのではなく、その場所の用途、目的にあった幅、大きさを決めるなど環境に優しい犬走り的な役割を持たせた方が良い。

一方、将来において庭や環境整備をするときにコンクリートの犬走りが邪魔な存在になり解体するとなると、大きな費用負担となる。地域性を考えた住宅において縁とは何か？の項目で犬走は建物（基礎）と地盤（敷地）をつなぐ役割があると説明している通り、大切な役割も持っている。利用目的をはっきりして魅力ある外周の環境づくりをして欲しい。

瓦と砂利で造られた美しい側溝と犬走り

芝生も砂利も犬走

建物と環境をつなぐ装置として〜

カンナ

コンクリートの犬走

建物と敷地が縁切り〜

18 窓のデザイン

窓の形
ドアの高さ

窓の形

居間、和室、台所、浴室、寝室、廊下、便所、玄関の窓は各々の機能があり目的がある。大きさ、高さ、位置、形、バランス、数量、色、強度、素材等によって大きく左右される。

又、採光、通風、遮音、プライバシー、眺望などの重要な目的があり、窓の高さは内法高さが基準ではない。

内法高さを安易に決めると結果的に画一的な高さ（1・8メートル）になってしまいつまらないデザインになる。

窓の形を決めるには目の高さや生活での人の感情・心理などが関わって来ることも知っておくと良いでしょう。

18 窓のデザイン

窓の形
ドアの高さ

ドアの高さ

戦後、日本人の身長は急に伸びて今までの1・8メートルの高さでは不具合を生じて来た。特に背の高い人は頭をぶっつけてしまう。できるなら2メートル位は必要かと思われる。ただ日本の建材などの規格が3尺×6尺であるために経済的に無駄になることが多いので注意する。

木材は2、3、4メートルが基準になっているので扉の高さを1・95メートル位に押えると経済的であると言える。しかし、メインの部屋などはできるなら2メートル以上確保したいところだ。また、部屋の大きさや天井の高さを考慮したプロポーションの良い高さで設計することが大切である。

プロポーションを考慮したドア

19 外壁の汚れを防ぐ

軒の出が汚れを防ぐ
北面はカビに注意

軒の出が汚れを防ぐ

高温多湿の日本では昔から軒の深い屋根を施工して外壁が汚れないような対策が行われてきた。しかし、近年の住宅ではシンプルな洋風のデザインが好まれ庇がない住宅が多くなっている。そのため外壁に直接雨風が当たる建築になり外壁が汚れるケースが増えている。新築当初はきれいな住宅だが数年もしないうちに汚くなってしまう。住まいは家族が生涯住み続ける大切な場である。できるなら日本の気候風土に適した建築をつくることを考えて欲しいものである。

深い軒は汚れを防ぐ

北面はカビに注意

汚れの発生する外壁面は周囲全体的に発生するのではなくある一定の条件によって発生していることが理解できる。元々カビが発生して汚れている訳で、直射日光を受けるところはあまり汚れていない。つまり、汚れの激しいところは直射日光を受けない北面である。南面、西面は長時間直射日光を受けるためカビはあまり発生していないのである。東面は朝日だけ受け午後からは日陰となる関係でカビの発生が多くなる。また周辺の環境も影響する。

乾燥している地形や水捌けの良い土地のところなどは少なく、逆に森があったりジメジメした土地では発生しやすくなる。この様な条件を考えてカビが発生しやすいところは最初から外壁の材料選定に於いてもカビが発生しにくい材料を選ぶことが重要かと思われる。

庇のない外壁は汚れる

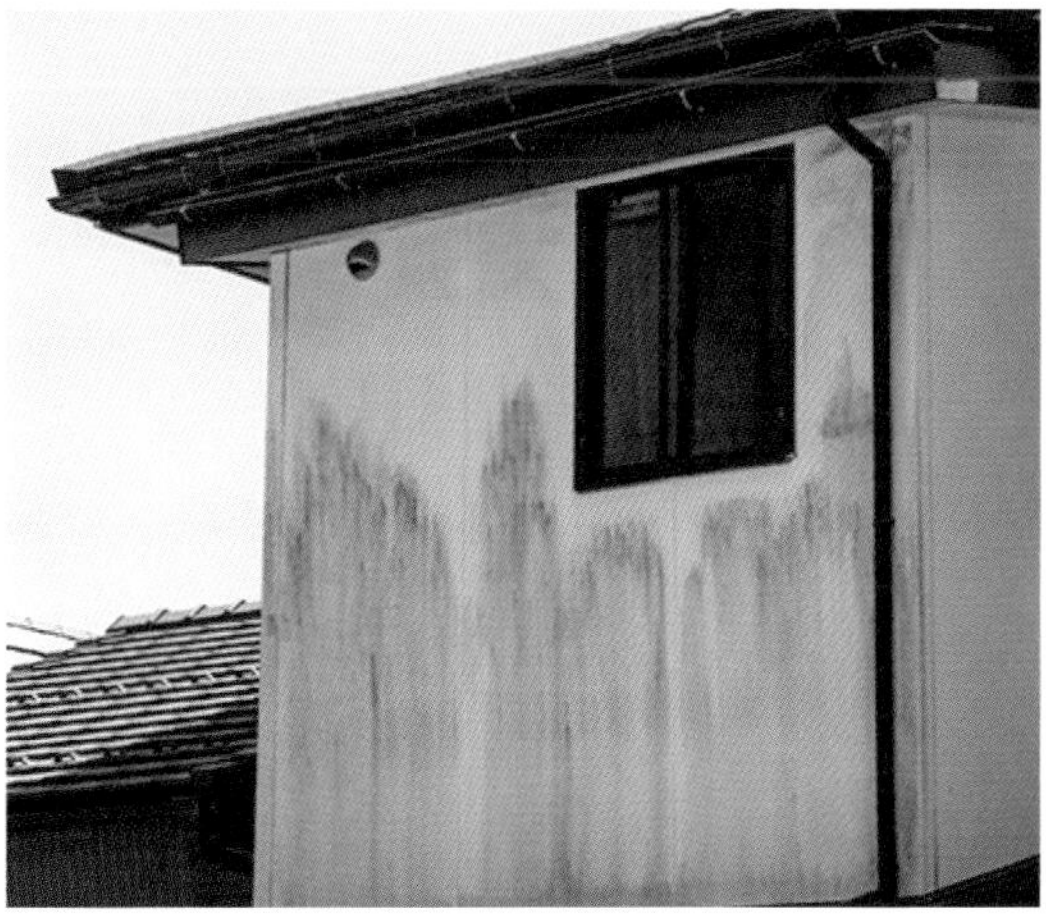

タマスダレ

20　住まいの安心・安全の心遣い

バリアフリーの落とし穴

バリアフリー化はあくまでも高齢者や障害者を対象にしたものが多い。このバリアフリー化があまりにも過剰になってくると、障害となるものは何でも撤去するような風潮になってくる。ちょっとでも転んだりぶっかったりして怪我でもすれば直ぐに管理者に責任を問い、補償問題へと発展しかねない。本来、自己責任であるようなことでも他人の責任にしてしまう風潮がある。

一方、子供たちの利用する保育施設や小学校などでも、段差をなくしたりちょっとした障害になると思われるものまで、バリアフリーにしてしまう傾向がある。過剰なバリアフリーは転び方や障害を察知し、回避する知恵が失われてしまう。特に街に出たときなど、ちょっとした障害物につまづいたり、転んだりするようになる。

本来、子どもは成長期において様々な障害を経験し、その都度多くの障害を回避する経験をして来たものである。そのことが大人になってから何が危険で、何が安全かを知ることになるのです。全ての障害を取り除くことは、将来において大きな事故に繋がりかねないのです。

バリアフリーは障害者だけではない。

本来、人それぞれにバリアーが異なるものである。例えば、足や手の不自由な人、目、耳、口の不自由な人など様々で、またその障害も松葉杖であったり、車いすであったり、視力障害であったり人それぞれに障害の種類が異なっている。それらを補うには単に障害を取り除くだけで果たして良いのだろうか?疑問が残る。

本来、社会の中には多くのバリアーが存在するものである。その全てを取り除くことは不可能であり、また、それぞれの障害に合わせて全てのバリアーを取り除くことも不可能である。このように、バリアーを取り除くことは所詮無理であり、求める必要がないのではなかろうか。

つまり、高齢者や障害者などの特定の人だけでなく、あらゆる人のために快適な生活が行われるような整備をしていくことが必要なのである。障害はない方が確かに良いかも知れないが、時には障害物があった方が良い場合もあるのではなかろうか?。

快適な生活ができるための整備
様々なバリアフリー対策が必要

安心・・・・?
危険回避の知恵って
身に付くの・・・・?

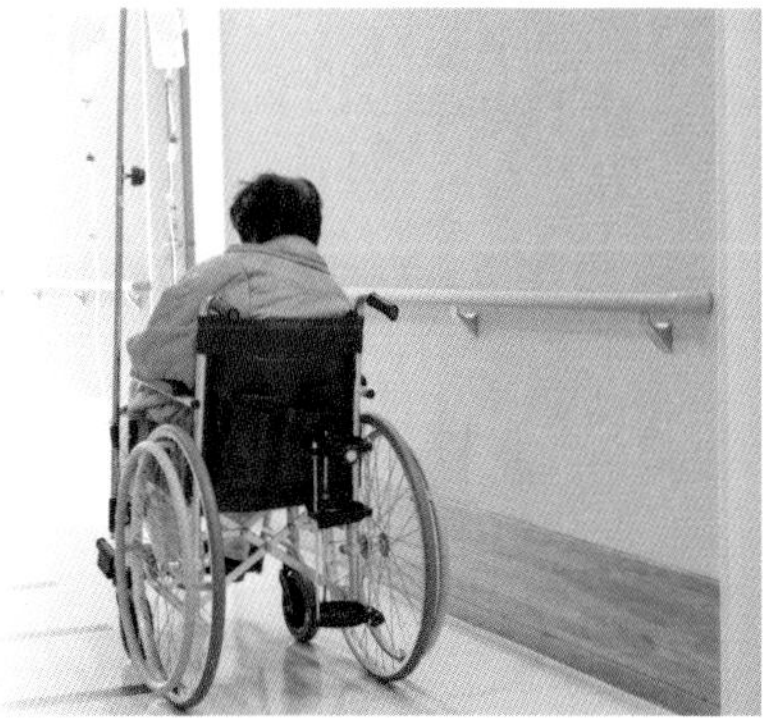

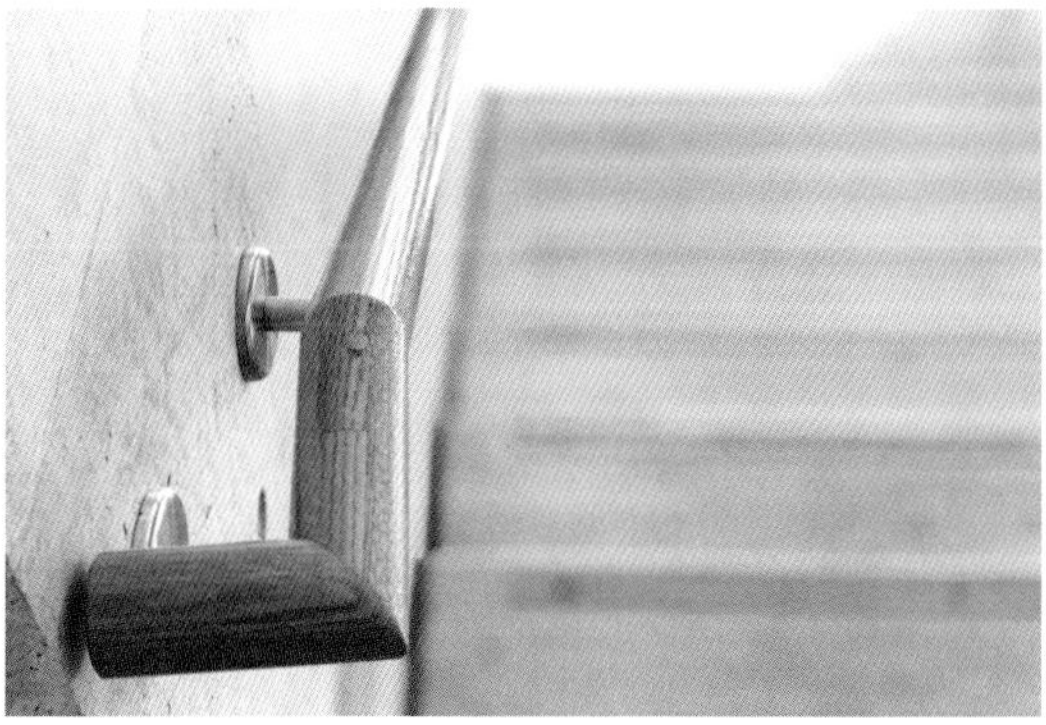

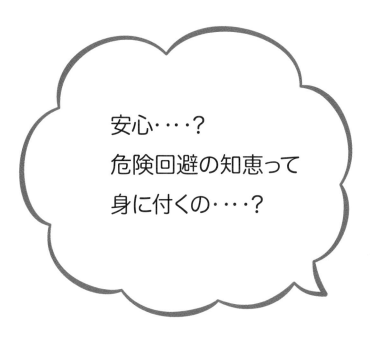

20 住まいの安心・安全の心遣い

バリアフリーの落とし穴
バリアフリーからユニバーサルデザインへ
高齢者の住まいを２階へ？
手摺りの形状は多様
家の中に潜む障害物

バリアフリーからユニバーサルデザインへ

これからはそれぞれの立場に合わせた解決策を考えると共に、子供から大人まで、あるいは高齢者や障害者までも含めた中で、誰でもが快適な生活ができるような社会をつくり上げなければ、ならない。即ち、バリアフリーの考え方からユニバーサルデザインへと考え方を変えなくてはならないのではなかろうか。ユニバーサルデザインとは一般的な人のために、すべての人のために共通に使い易い普遍的なデザインをすることを言う。

家の中に潜む障害物

ドアの開閉、手摺りの高さ、尖った家具、デッキ床の隙間、滑りやすい床、硬い素材、周り階段、段差の敷居など小さな障害物が家の中にはいっぱい。通常、気にならない小さな障害物でうっかり怪我をしてしまう。

小さな障害に気をつけましょう！

高齢者の住居を２階へ

一般的に高齢者の居室は１階にすることが多い。階段がなくバリアフリーとなっており無理をしないで生活できるということが主な要因なのである。しかし、運動量は極端に減ってしまい身体を鍛えると行った観点から考えるといかがなものか?と考えさせるところもある。

一方、あえて２階に居室を持ってくるとどうだろうか?毎日階段を上がり降りすることが日課になってしまう。しかしこのことが足腰を日常生活の中で鍛えることにつながってくる。そうすることで歩けなくなって寝込むことが減り健康的な生活ができるのである。ただし、きつい階段であるなら逆効果になるかも知れない。毎日生活する場所ですから安全な階段であると共に２階の生活が楽しく快適な空間であることが条件となる。

手摺りの形状は多様

手摺りは一般的に丸い形状のものが多く見られる。しかし、身体能力は人それぞれに異なることが多い。例えば手摺りを掴むことのできない人もいる。ユニバーサルデザインからの観点では手摺りは様々な形状であっても良いと思う。

棚などの天板を利用したり、板状のもので代用したりあるいは柱状の手摺りであっても良い。特に玄関周りは頻繁に利用するので家族や訪問者などに対応できる手摺りを考えることも良いと思います。

21 間違いやすい落とし穴

間違いやすい階段
踊り場の高さはどこに？
間違いやすい家の向きと配置
色彩の落とし穴
見本帳の落とし穴
高気密・高断熱に疑問？シックハウス症候群
24 時間換気に疑問

間違いやすい階段

一般的に住宅建築はモジュール（1 間の長さを 1800、1900、1950）が使われている。そのために階段をつくるときに安易に 2 間で上がれるように設計することが多い。畳半畳の幅(90 ～ 95 センチ）を 4 つ割りにすると 2 間では踏面の数は 12 になる。
結果的には階段の段数は 12 ＋ 1 ＝ 13 段になる。
ここで九州で一般的な 1 間は 1900（半間だと 950）が多く造られているのでこの寸法で解説したいと思う。

この割付だと幅は 95 ÷ 4 ＝ 23.75cm になる
柱の材料は 3m を使うので一般的に階高は 2.85 ～ 2.90m が一般的になる。
その前提で階段の 1 段の高さを求めると 2.90m ÷ 13 ＝ 22.31 センチになる。

上がりやすい階段の計算とは？

幅（W) 高さ（T) とすると
W+2T=60~65 です　結果が 65 を超えると上がりにくい階段となる
また 60 以下だとつまずきそうになる階段となる

13 段の場合（全長＝ 12 × 23.75 ＝ 285 センチ）
例は W=23.75　T=22.31　2T=44.62
W+2T=23.75+44.62=68.37 ＞ (60~65) になりますのできつくて上がりにくい階段になる。 OUT

14 段の場合（全長＝ 13 × 23.75 ＝ 308.75 センチ）
2.90m ÷ 14 ＝ 20.71 例は W=23.75　T=20.71　2T=41.42
W+2T=23.75+41.42=65.17 ＞ (60~65) OUT

15 段の場合（全長＝ 14 × 23.75 ＝ 325.5 センチ）

2.90m ÷ 15 ＝ 20.71 例は W=23.75　T=19.33　2T=38.66

W+2T=23.75+38.66=62.41 ＜ (60~65)　OK

よって上がりやすい階段にするためには 15 段がお勧め！

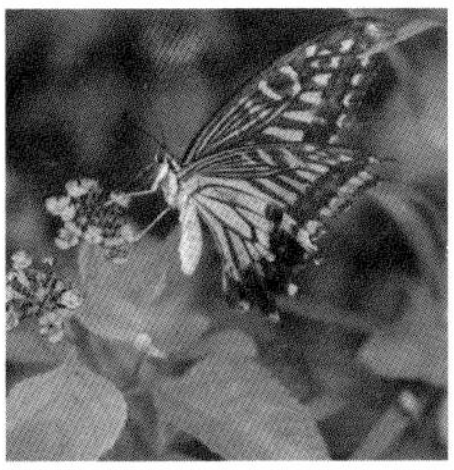

※建築基準法上は 13 段でも問題ありませんが快適な生活を送るための階段として考えて頂きたい。

上り易い階段とは？

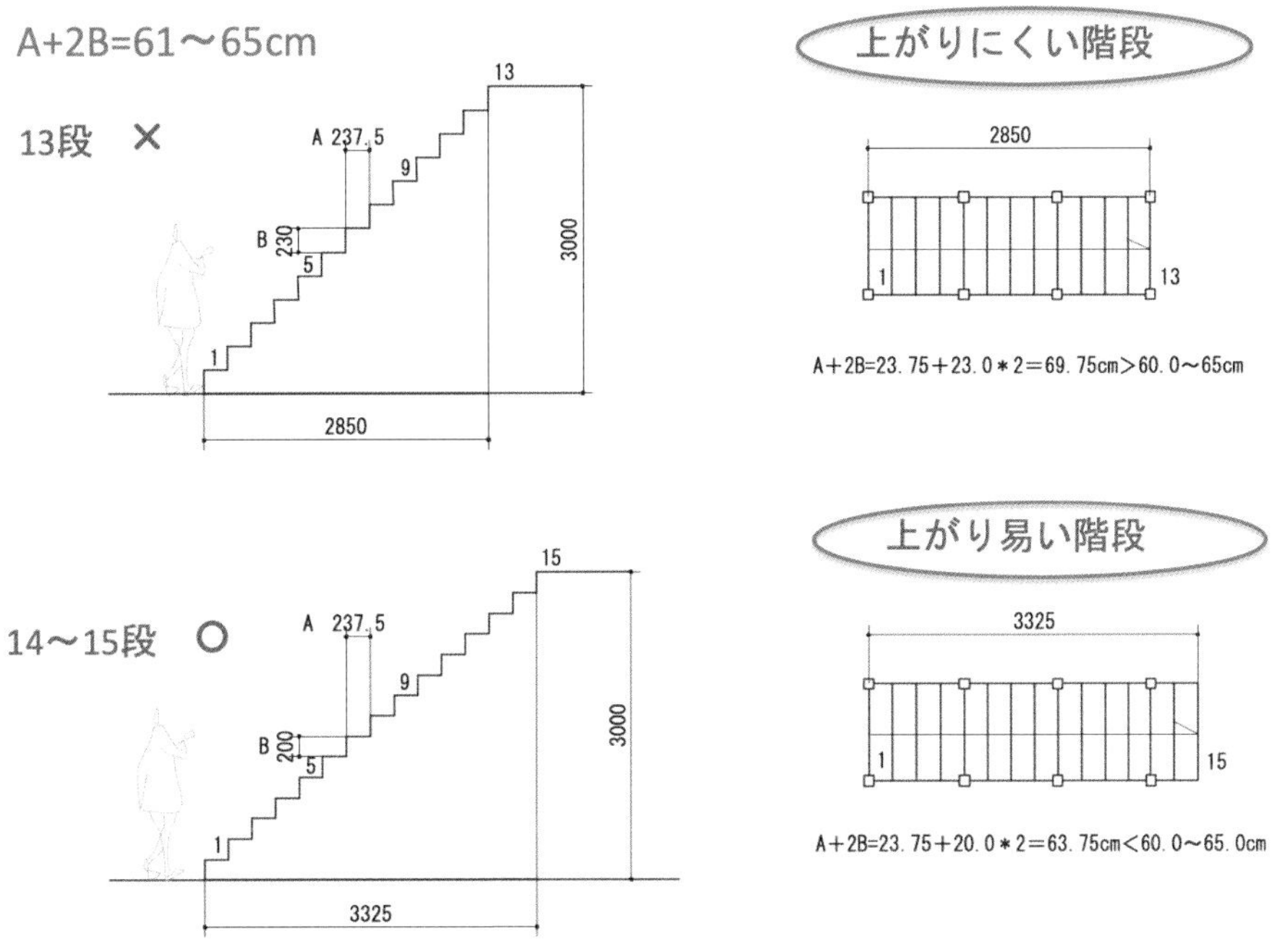

1間＝1900の事例　1段の幅＝1900／4＝237.5mm

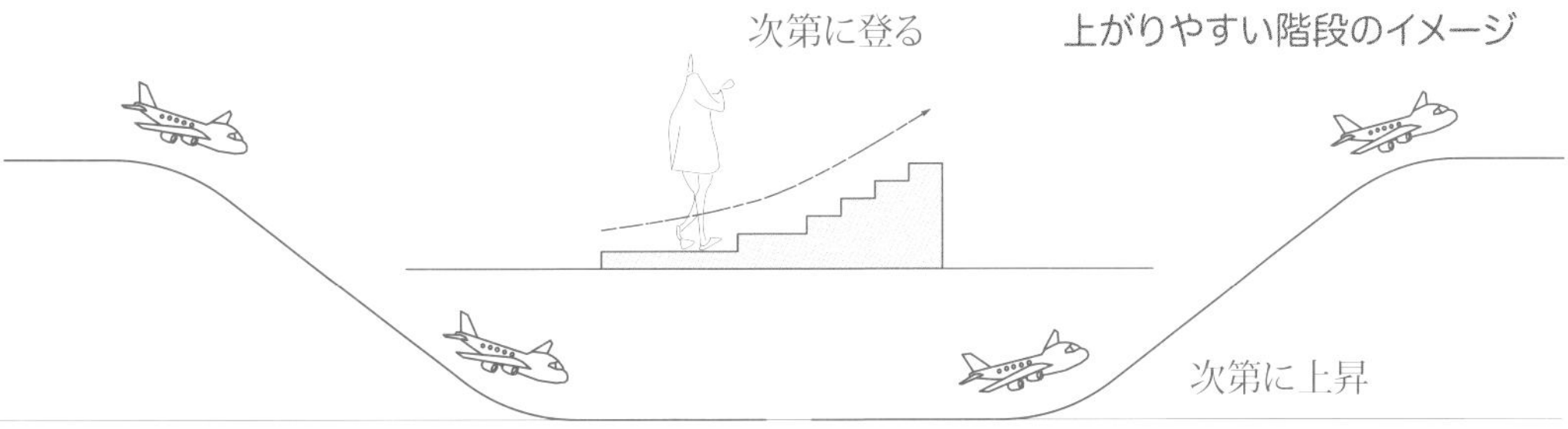

21　間違いやすい落とし穴

間違いやすい階段
踊り場の高さはどこに？
間違いやすい家の向きと配置
色彩の落とし穴
見本帳の落とし穴
高気密・高断熱に疑問？
シックハウス症候群
24 時間換気に疑問

間違い易い階段

階段の設計は二階建ての住まいではとても重要である。安易な階段の設計をするととんでもなく上がりにくい階段となり大変危険な階段となる。快適で安全で上がり易い階段づくりを真剣に考えた上で設計する必要がある。

もし、上がりにくい階段になった場合、二階での生活が苦痛に感じることになり、生涯嫌な生活を続けることに成りかねない。

階段は上り下りする機能とは別に一階と二階をつなぐ快適な空間を創出する場でもあるので、楽しくなるような空間づくりに取り組んで頂きたい。

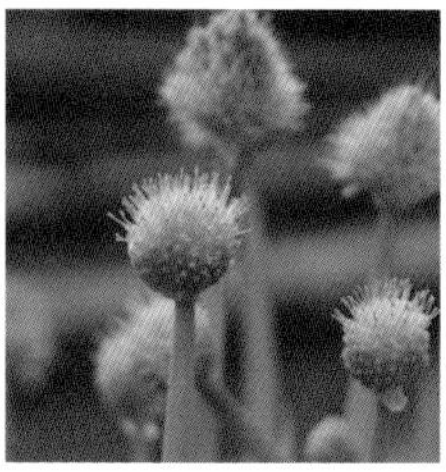

玉ねぎ

快適な階段の算定

W+2T=60~65

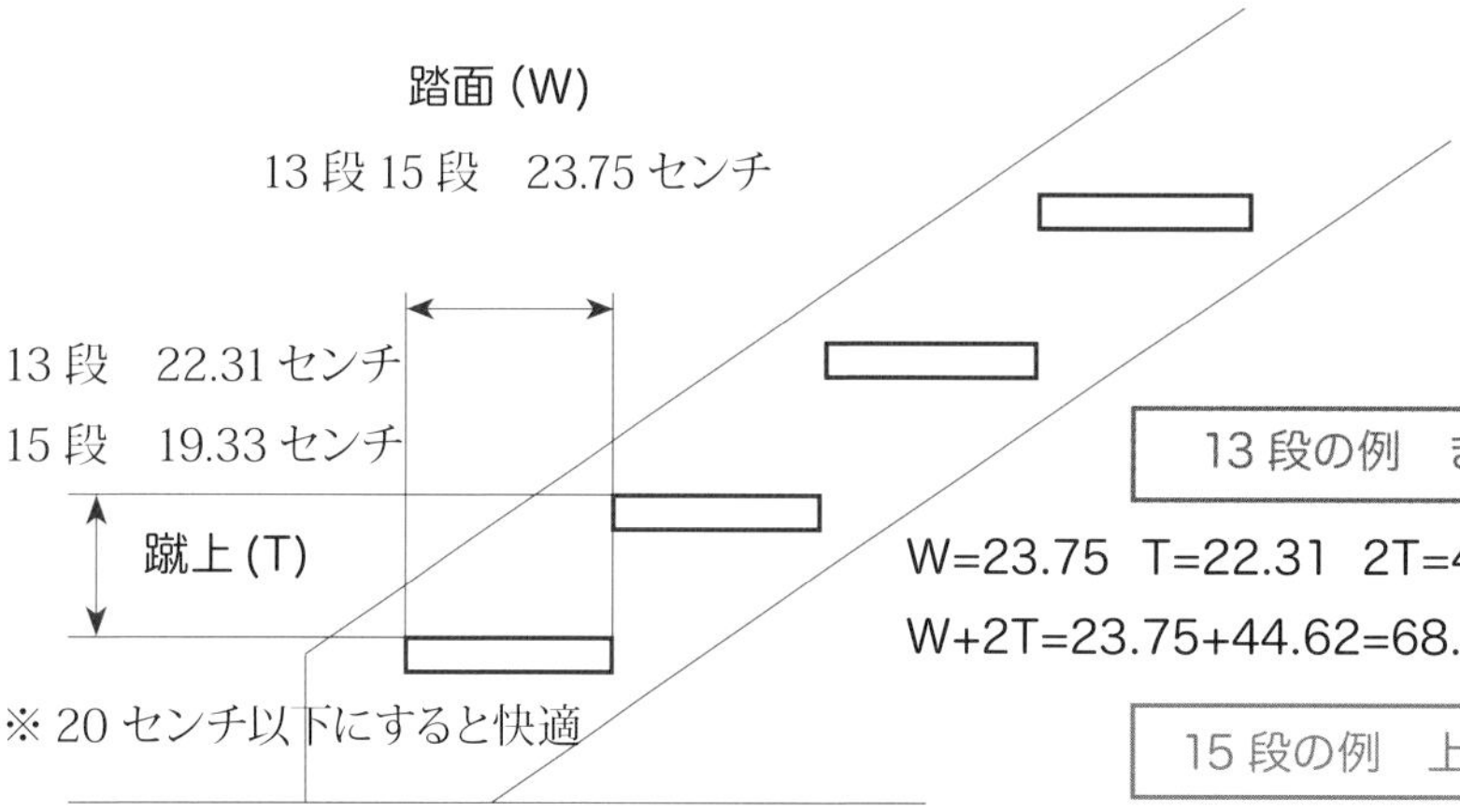

13 段の例　きつい階段

W=23.75　T=22.31　2T=44.62
W+2T=23.75+44.62=68.37 ＞ (60~65) OUT

15 段の例　上がりやすい階段

W=23.75　T=19.33　2T=38.66
W+2T=23.75+38.66=62.41 ＜ (60~65)　OK

上部の廻り階段は危険
踏み外したら下まで落ちて大怪我となる

危険な階段

廻り階段は下部につくる

21 間違いやすい落とし穴

間違いやすい階段
踊り場の高さはどこに？
間違いやすい家の向きと配置
色彩の落とし穴
見本帳の落とし穴
高気密・高断熱に疑問？
シックハウス症候群
24時間換気に疑問

踊り場の高さはどこに？

踊り場なしの直通階段の場合は手摺りなしでは結構きつくなる。特に13段の階段では上がりたくない怖い階段になってしまう！

また上部に廻り階段があると特に危険な状況になる。低いところや中間部なら危険性は少ないが高いところでの廻り階段は最も危険な階段となる。できるなら踊り場のあるゆったりと上がれる階段の方をお勧めしたい。

例えば踊り場をつくるとき踊り場の高さを決めるにはどうするのか？13段を2で割ると6・5になる。この場合6段目にするのか7段目にするのか別れるが気分的に上がりやすくするためには低い方の6段目にすることをお勧めする。中間点までの高さが低い方が気分的に上がりたくなるからです。15段の場合は7段目にすることをお勧めしたい。

ユリ

★ 階段と踊り場

上がりにくい階段

上がりやすい階段

踊り場は

低い位置に!!

21 間違いやすい落とし穴

間違いやすい家の向きと配置

一般的に区画された敷地は道路に接しており道路と並行になっていることが多い。この場合敷地に対して大まかに南側はどちらなのかが分かる。しかし、正確な北は磁石を使って確かめない限り分からないことが多い。そのためにわずかな方位のズレを見落とすことが多い。

南向きと思ったところが敷地は南西向きだったりする。南西向きに造ってしまうと夏において強い西日を受けることになり蒸し暑い部屋になり、西日対策なしでは住みにくい環境となってしまう。

風向きのことも考慮する必要がある。南九州では太平洋高気圧の位置を考えると南東の風がよく吹く。これらの風向きを考えて窓の位置や大きさを考える必要があるのでしっかりした方位の検討と建物の配置を検討して頂きたい。

紫陽花

敷地に並行に建てた場合

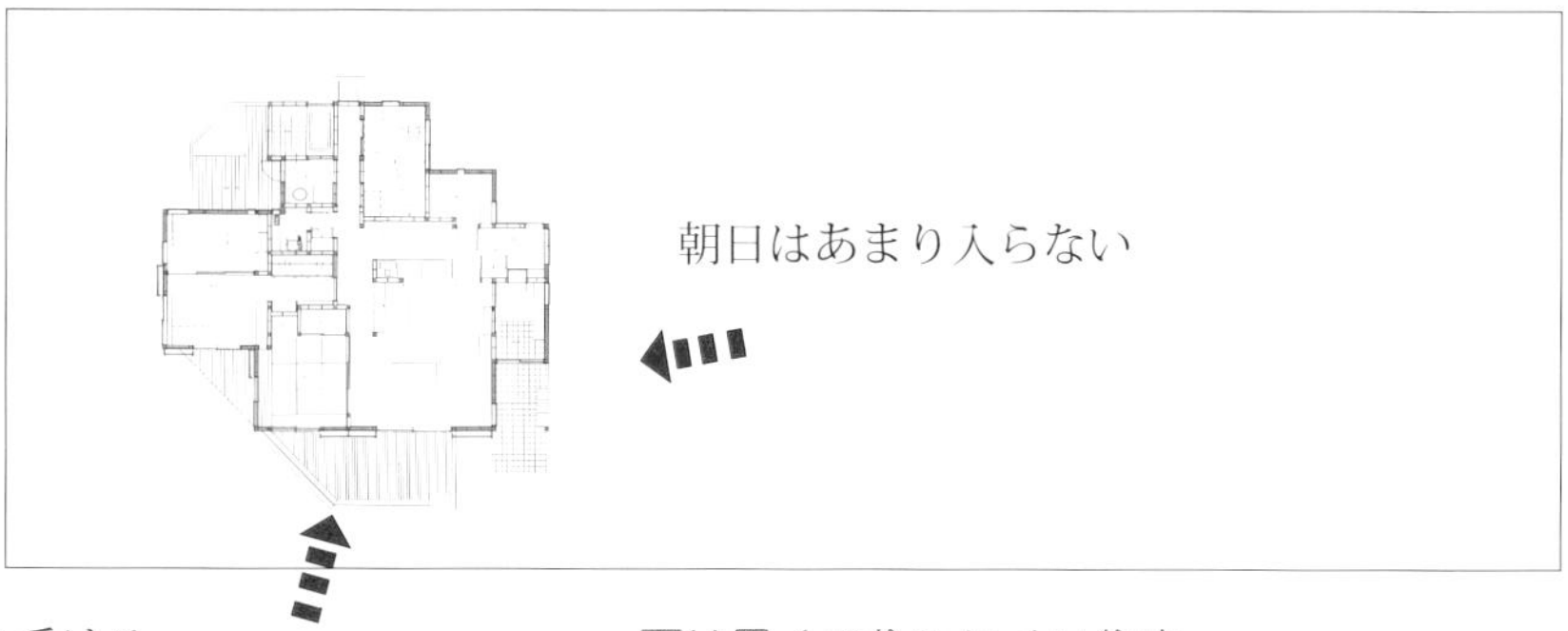

西日を受ける　　夏は暑くて住みにくい住宅

南向きに建てた場合

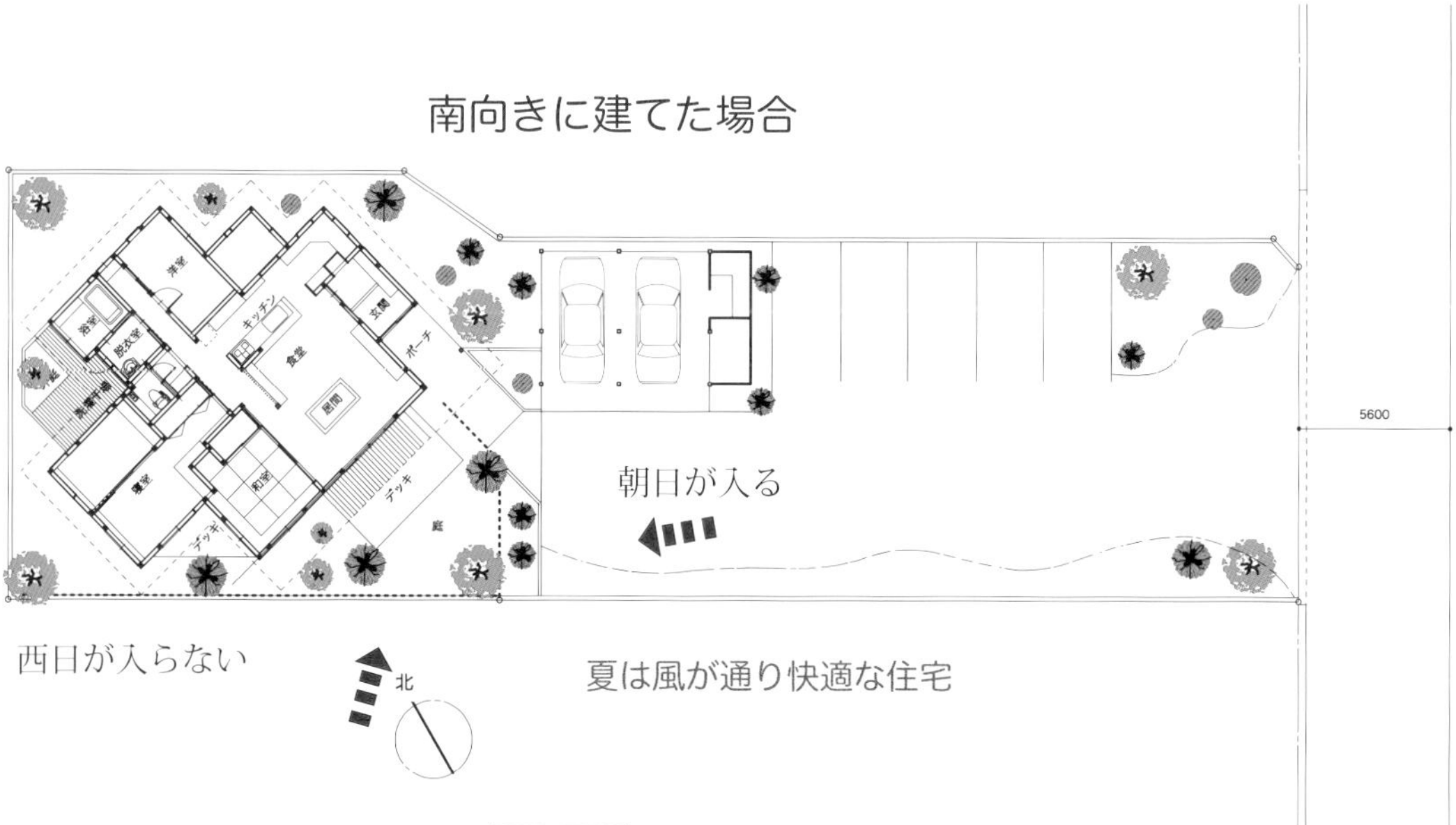

配置図

21　間違いやすい落とし穴

間違いやすい階段
踊り場の高さはどこに？
間違いやすい家の向きと配置
色彩の落とし穴
見本帳の落とし穴
高気密・高断熱に疑問？
シックハウス症候群
24 時間換気に疑問

色彩の落とし穴

外壁の派手な色、アンバランスな色彩などで街並み景観に大きな影響を与えている住宅が多いことに気づかれているのではなかろうか。建築主や設計者、工務店、塗装業者においても街を壊そうという人は恐らくいないと思う。

その多くが外観においては見本帳などで決めたとしても面積が大きくなると想像以上に派手になってしまうケースがほとんどである。特に工務店や塗装業者においては塗装技術の方は経験豊富な職人なので問題はないと思うのだが、色彩計画についてのプロは少ないのが現状であるためこの様な結果になっているのである。

色彩計画の現場で良く行われている方法としてそれぞれの業者において見本帳を揃えて建築主に提出する。そして最終的には建築主の好きな色に決めて下さいなどとお任せすることが多いのかも知れない。恐らく心の中では色彩が失敗したときのことを考えて判断することを逃げているのではということも多々ある。

この様な失敗をしないためには担当者に色彩計画はわかりますか？あるいは責任を持ってアドバイスできませんか？など相談することをお勧めしたい。もし担当者が責任持てない様な時には色彩のコーディネーターのできる人を紹介していただくなどの対策が必要かと思う。

一般的にペンキ 屋さんは色のプロでしょう！と思いこまれている人が多いのではなかろうか。塗装の専門家ですので色彩においてもプロと勘違いされているのかも知れない。確かに人によっては専門的な知識がある人もいるが一般的には技術のプロとして仕事をされている場合が多い。

ここに大きな落とし穴があることを知っておいて欲しい。

特に外部の色彩計画は大変重要！
失敗しないためには是非色彩の分かる人に相談し、完成のシュミレーションまで確かめることを薦めます。

ハクサンボク

間違った色の選定で後悔！

色彩計画で失敗する原因として彩度の高い見本帳を使うことにより派手な外観となることが多いのです。また小さな見本帳で派手に感じない色でも面積が大きくなると予想以上に派手になってしまう。できるだけ大きな見本帳を作成し現場で仕上がりの状況と同じような環境の中で確かめることが重要である。南面と北面でも色の見違い、晴れた日、曇った日、雨の日でも色の見え方が違ってくる。決定する前に様々な条件を確認して決定することが失敗を防ぐ方法です。塗り終わってからでは取り返しがつきません。失敗して塗り替えようと思っても費用が嵩むため諦めなくてはならない。嫌な思いをしながら生涯を過ごすことになり兼ねない。

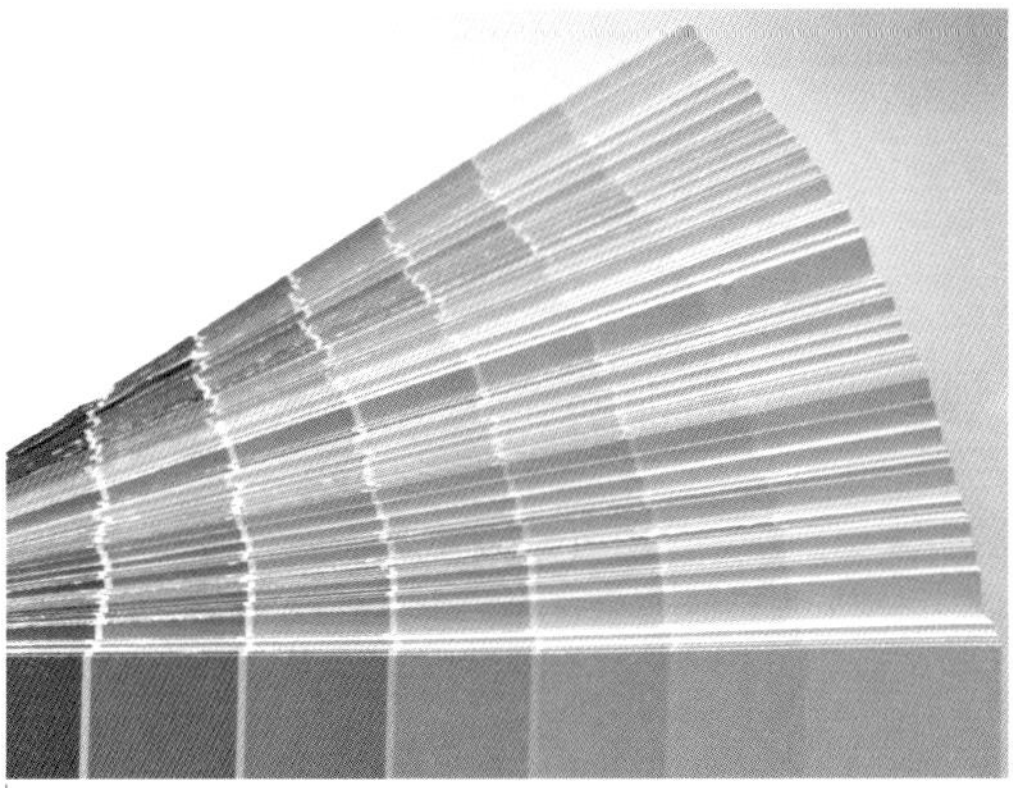

21 間違いやすい落とし穴

見本帳の落とし穴

ペンキの色を決めたりクロスの色、外壁、タイルなど工事が進むにつれて各種の色決めや材料決めが生じてくる。その場合どの様な方法で決めていくかというとそれぞれの見本帳やカタログを提出していただき全体の色彩計画を進める。

その中でペンキの色を決めるときは色見本を基に選定する。日本の一般的に採用されている見本帳は日本塗料工業会の見本帳が多い。標準色は５００色以上用意されており、この小さな色見本帳から完成したときの色を想像することは並大抵のことではない。色彩計画は家づくりで最も重要な工程であり、この選定作業で完成したときの良し悪しが決まる。

できてみないとわからないとか色はわからないとか言ってる場合ではない。最近ではＣＧを作成しシュミレーションして完成イメージを確かめることができるようになっている。できる限り完成に近いイメージを確認することをお勧めする。

また、見本帳においても日本塗料工業会だけでなく数多く用意されていているが中でも外国の見本帳は日本とは全く違い数倍の見本色が用意されているのでイメージする色彩計画ができる。外国に比べ日本の色は派手過ぎるかも知れない。そのために外壁などの色で失敗するのかも知れない。

色は見本色以外の色を使うことは少なく、結果的に見本色（型）を使うことで外観の色（形）ができているのです。

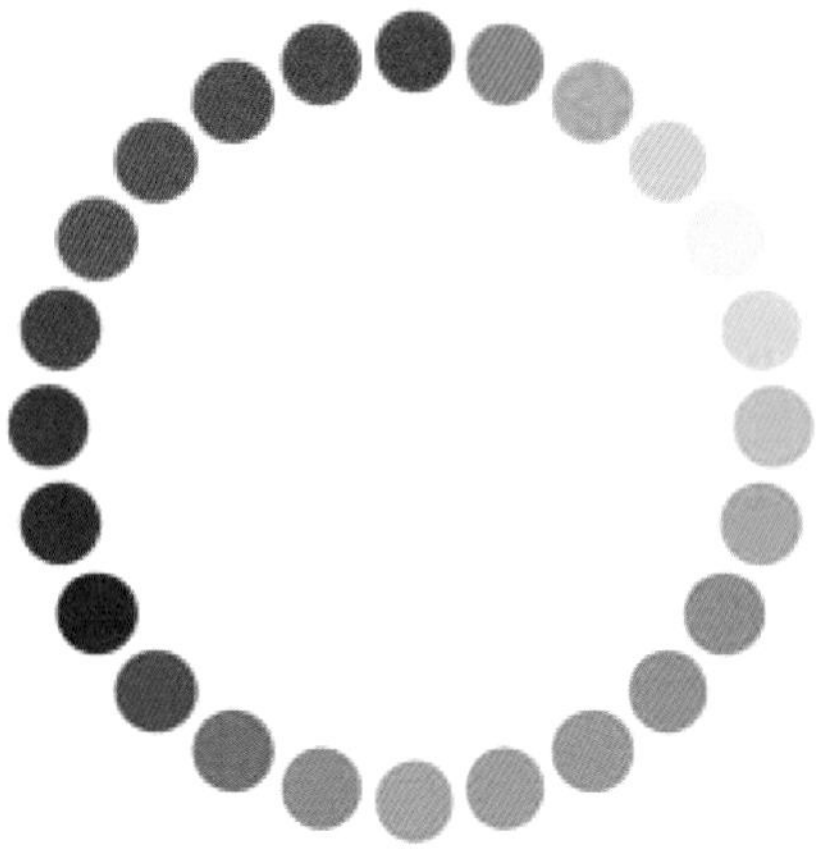

24 色相環チャート

クリスマスローズ

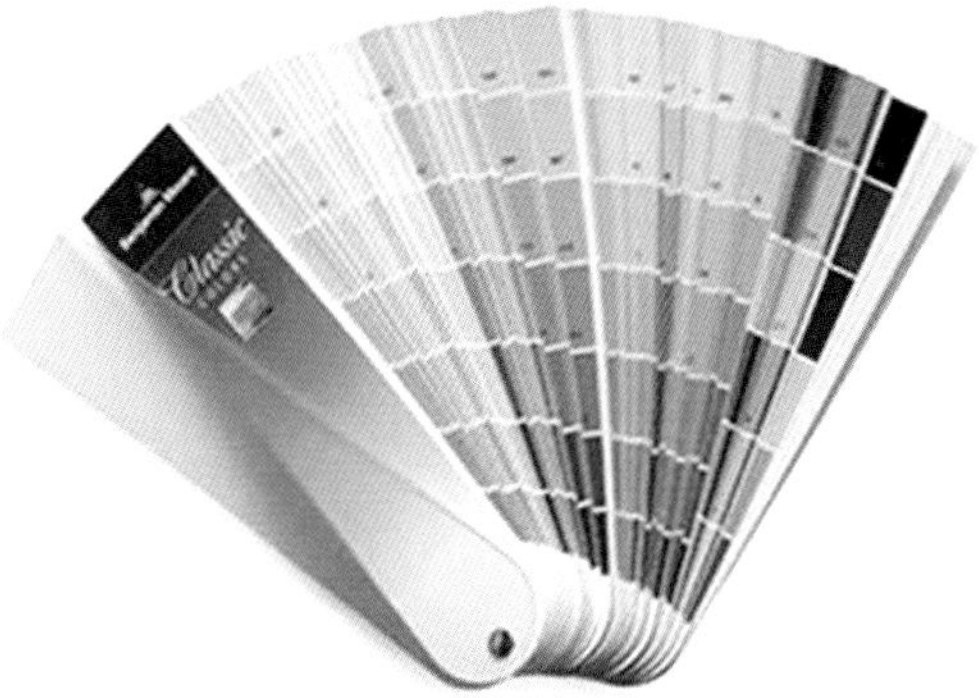

海外の見本帳

日本の見本帳

資料　日本塗料工業会塗料見本より

21 間違いやすい落とし穴

高気密・高断熱に疑問？

『高気密・高断熱と低気密・高断熱とではどちらが正しいの？』

こんな質問が飛び込んでくる。

九州と言う地域（特に過疎化に悩む田舎）に住んで、地域に根ざした建築活動をしていると、情報が大都市（特に東京中心）から大量に流れ出していることを痛切に感じる。中央から九州を眺めると、どの県も同じに見えるかも知れない。しかし、九州と言っても北部の福岡、大分から南部の鹿児島、宮崎とでは気候風土が全く異なる。特に太平洋に面した海岸地帯では高温多湿、強い日射、台風、シロアリなどに配慮した家づくりが望まれてくる。このような条件下では大手メーカーや住宅産業が推奨する高気密、高断熱に捕われた住まいづくりでは、問題が残る。恐らく部屋中にカビが発生したりダニの巣と化してシックハウス症候郡の原因となる。

空調設備や換気設備の効率を高めるために高気密、高断熱を行うのではなく、自然の状態でいかに快適な生活するかに趣きを置き、低気密、高断熱の家づくりを行うことが大切ではなかろうか。一言では説明できないが、基本的には気候風土の違いや通風、採光の大切さ、あるいは地域の素材を使うことの必要性などの説明を行い、低気密、高断熱を基本にした自然と共生する健康で楽しい家づくりをするようにアドバイスしている。

高温多湿の日本のエリア

特に海に面する平野部

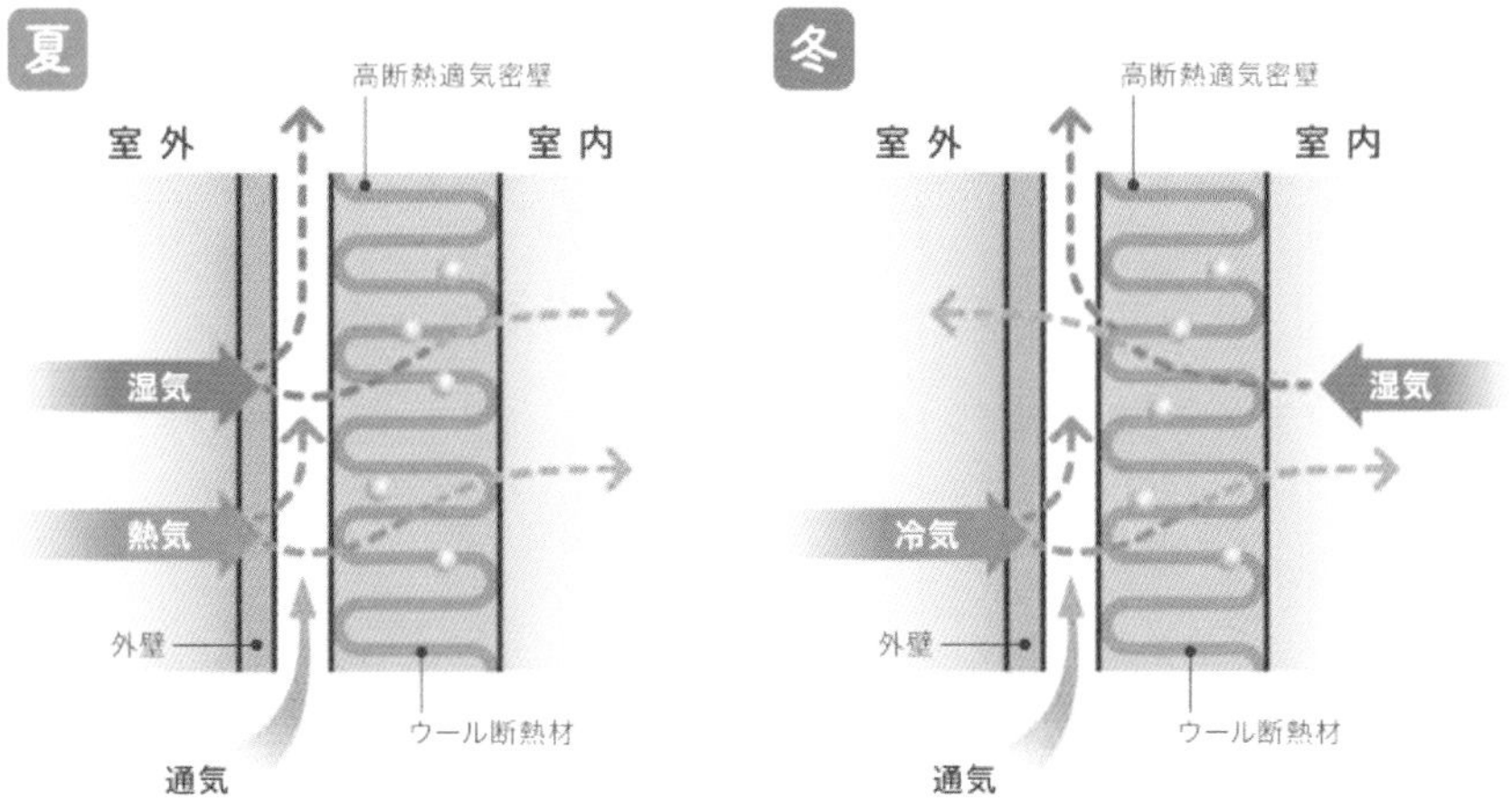

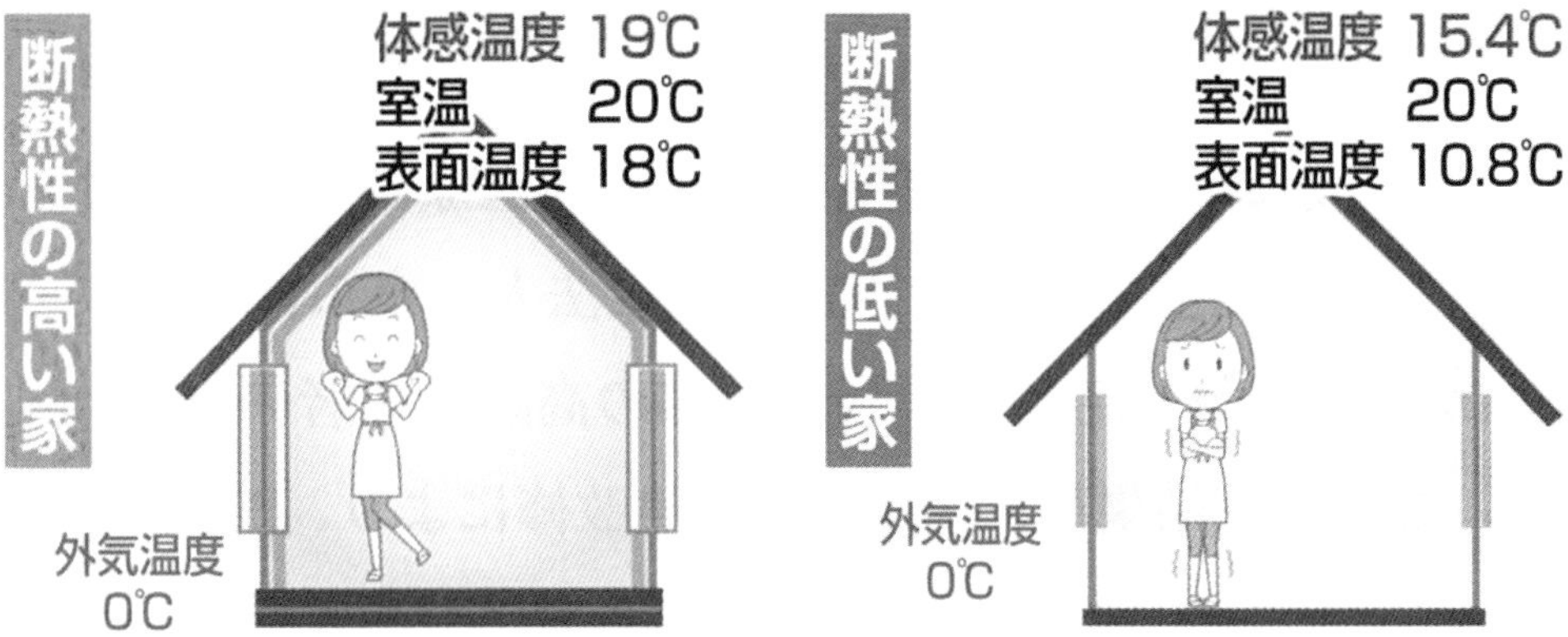

出典：(財)建築環境・省エネルギー機構　住宅の省エネルギー基準の解説

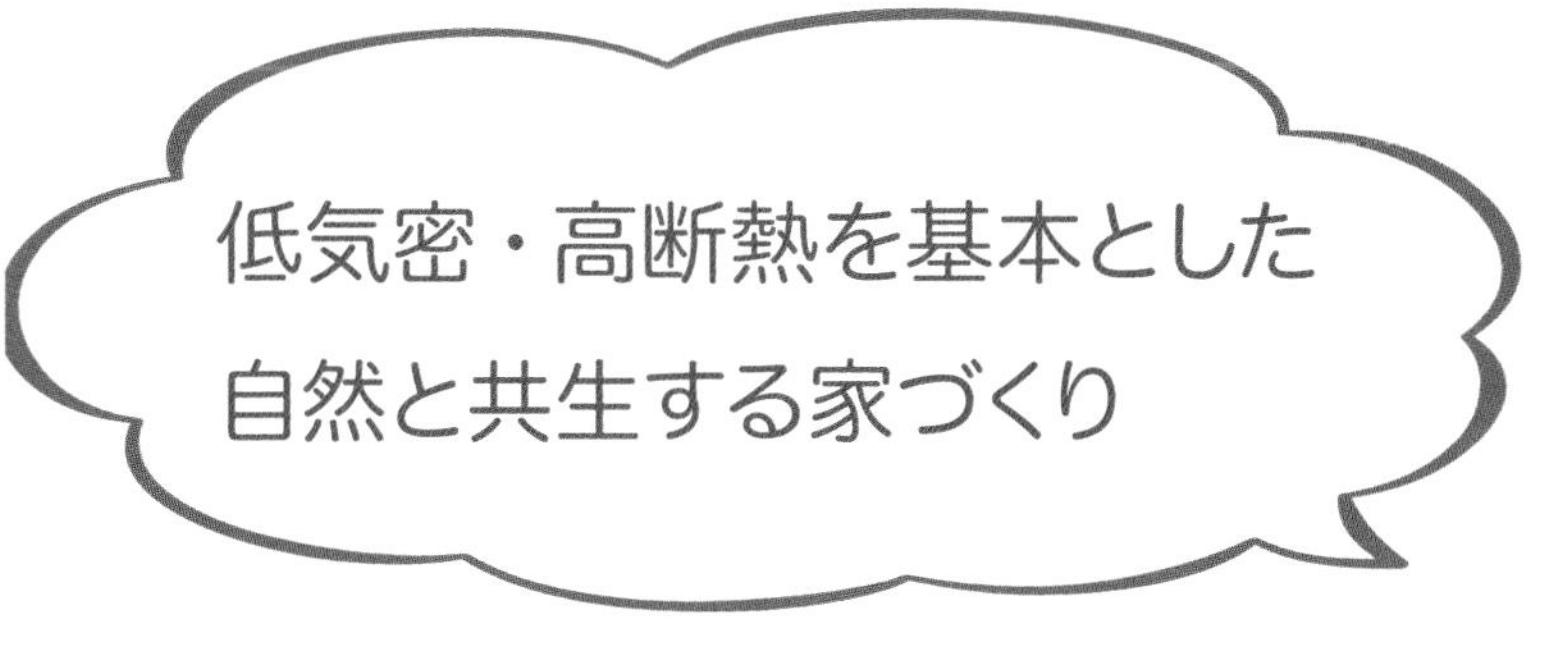

21　間違いやすい落とし穴

シックハウス症候群

住宅の建材やダニ、カビによる健康被害が社会問題化している。いわゆるシックハウス症候群である。従って身体に害のない住まいづくりへの要望も高まってきている。高気密、高断熱さらに自然素材を使った家づくりを歌い文句にハウスメーカーや工務店などの住宅産業が盛んにコマーシャルを行っている。ユーザーの立場からは大変有り難い情報である。しかし、反面、情報過多により迷えるユーザーも多い。特にメーカーハウスなどの住宅産業が高気密、高断熱を推奨するのに対し、住宅を中心に設計活動を続けている建築家の中では低気密、高断熱を唱えている人が多いのである。

その背景には、気候風土の地域差を考慮にした情報発信でなく、ほとんどの情報が日本全国共通の仕様になっているからではなかろうか。大手メーカーの宣伝力はテレビと言うメディアを使い、全国一斉にコマーシャルを流す。これらの影響は信じられない程大きいものがある。地域で地道に家づくりを行っている工務店や設計事務所では太刀打ちできない。

ユーザーはテレビのコマーシャルで流れてくる情報を正しいものとして信用するケースが多い。従ってユーザーや建築に携わっている人も、本質を見抜くには困難を要する。

健康的な住まいづくり（杉材を張った床）

自然素材はすごい!!

資料提供　内田恭代

ガラス瓶の中に合板フローリング、集成材、天然乾燥無垢板杉を入れ、それぞれに食パンを入れてカビの発生状況を観察。

この写真は３ヶ月後のカビ発生状況です。合板フローリング、集成材のパンには多くのカビが発生。しかし、杉材のパンにはほとんど発生してません。このことから健康的環境が造られていることがわかります。住まいの中に無垢の杉材を使うことで健康的な住まいづくりができるということが理解できます。

21　間違いやすい落とし穴

２４時間換気に疑問

吐き出し窓がありフスマ障子で仕切られた日本建築では、自然の風が窓から入るような通風採光の良い家づくりであった。このような家では強制的な換気扇は必要とせず快適に過ごすことができた。しかし、近年、高気密高断熱の家づくりが進むに連れ、通風採光の取れない家が増えてきた。特に敷地の狭い都市住宅にその傾向が謙虚に現れている。

建築基準法では気候風土のことは関係なく日本全国、統一された基準法が採用されている。本来ならば通風採光の確保が難しい建築に適用されるべきで、風通しの良い建築には必要ない法律である。

２４時間換気扇を頼るような建築においては、窓を閉めきったら酸欠を起こすような環境の悪い建築と言えるのではなかろうか。昔から、ガラリ窓や隙間風を取り込む装置や定期的に窓を開け換気するなど生活の知恵があったものだ。しかし近年ではエアコンの普及でそれらの知恵を活かすことができなくなっている。

敷地条件や面積制限など様々な条件によって採光の取れない部屋も出てくることもある。このような場合でも通風や換気もできるだけ自然の力を利用して計画することに心がけ、機械換気に頼らない設計を忘れてはならない。

ルーバーは換気に有効

給気口

24 時間換気扇

高温多湿の南九州エリア

特に海に面する平野部

モクレン

22 気候風土に適した杉材の利用

宮崎杉の特徴
宮崎杉の活用
みやざきの家

宮崎杉の特徴

○弾力性があり折れにくい

飫肥杉に代表される宮崎の杉は高温多湿の風土のため成長が早く全国の杉に比べ若干強度が低いという特徴がある。木肌は少し黒ずんでいるが粘りのある杉のため昔から木造船などに使われていた。粘りがあるということは弾力性に優れ折れにくいという特徴がある。

そのために建築材料としては粘りある特徴を活かした柱、梁などの構造材として使われている。また板目が美しいことから天井材や腰壁、家具などにも使われている。

○温もりがあり保温性がある

柔らかいことから手触りが良く木の温もりを感じる。このことは断熱性能が良く保温性にも優れているという特徴がある。床材に使うと肌触りが良く木の温もりを感じる。冬、素足で歩くとその温もりを実感できるでしょう。

○調湿機能が高い

ヒノキやサクラなどと比較して柔らかいことから吸湿性にも優れている。夏の高温多湿のジメジメした気候のなかで吸湿効果が発揮され快適な室内環境をつくり出すことができる。

○自然素材なので環境に優しい

杉材は自然素材なので肌に優しく健康的な材料と言える。

○湿気に強く腐りにくい

その土地で育った杉は最も気候風土にあった材料と言える。そのために湿気にも強く腐りにくい材料と言える。

○シロアリに強い

マツやヒノキ、外材などと比較するとその土地で育った杉材はシロアリに強い材料と言える。

杉丸太の原木

杉の柱

杉の梁材

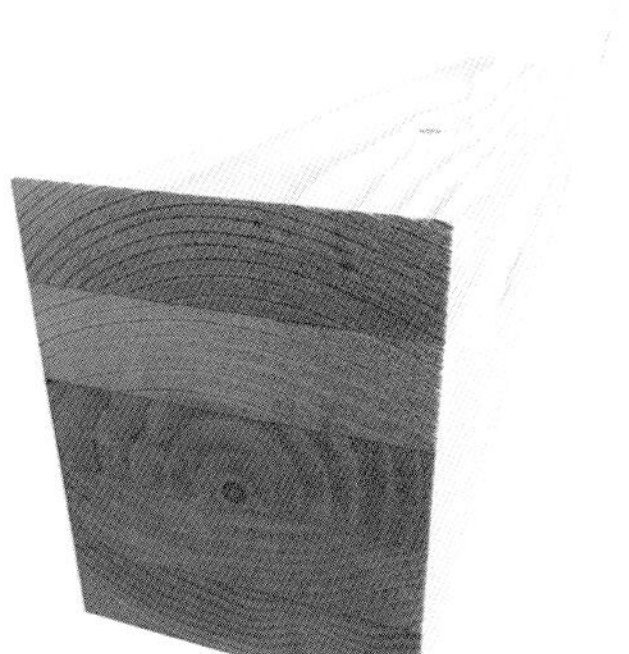

杉の集成材

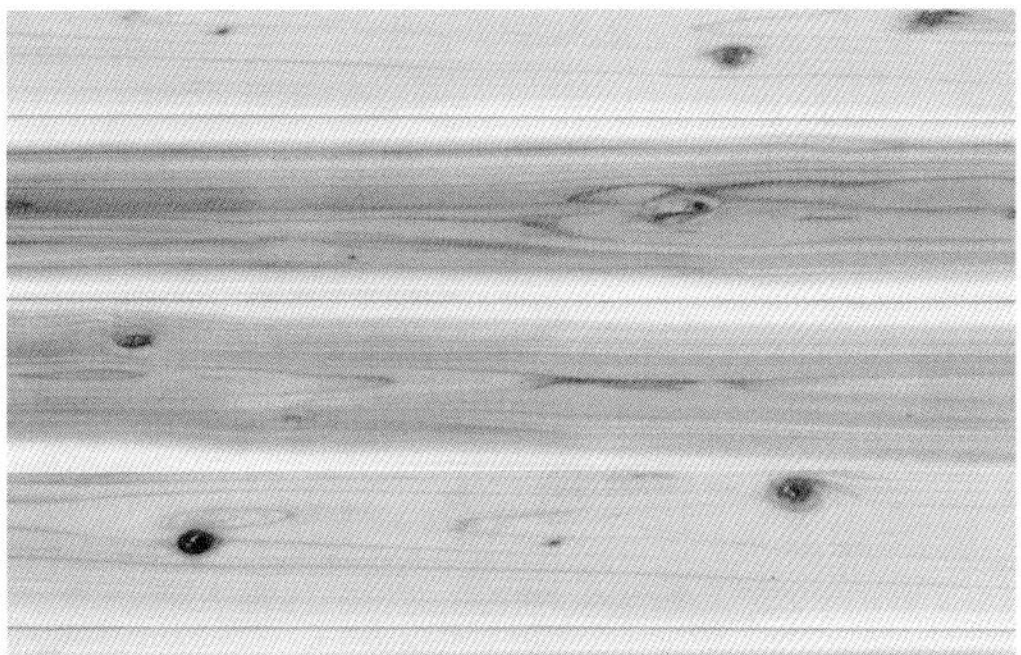

杉の板材

22　気候風土に適した杉材の利用

宮崎杉の特徴
宮崎杉の活用
みやざきの家

宮崎杉の活用

全国的には吉野杉や霧島杉、春日杉、屋久杉、秋田杉、八女杉、小国杉、日田杉などに代表される杉が流通している。それぞれに特徴があるが通直で光沢のある赤身の良材が多い。

その中で、宮崎の杉は高温多湿の風土で育つため全国の杉と比較すると40年程度で建築材料に適した大きさに成長する。そのために年輪の幅が広く強度的に若干低下している。木肌は赤身ではなく黒ずんいるが粘り強い特徴があり建築材料としての使い方としては構造材(梁材など)や板材などに適した材料と言える。

建築に使う場合、優しさを求めるような材料の使い方よりは構造材を大胆に使い空間の魅力を引き出すような男性的な木造建築に適しているのではなかろうか。

ツワブキ

構造を活かした建築空間

22 気候風土に適した杉材の利用

宮崎杉の特徴
宮崎杉の活用
みやざきの家

みやざきの家

宮崎県の気候風土はどのようになっているだろうか?宮崎県は南北に長い地形となっており一概に気候風土を同じと捉えることはできないだろう。海岸線に面するエリアと山間部とでは気候が大きく異なる。海岸部の夏は特に湿度が高く暑い日が多い。全国一律の基準法はみやざきの家を考えるに当たり少々違うものと捉える必要があるのではなかろうか。

みやざきの家を造るにあたり特質することは日本全国に比較して特に高温多湿であり雨が多く、台風が多い地域と言える。このことから、機密性を高めるような住まいではカビやダニなどが発生しやすい環境と言える。従って、換気扇に頼る家ではなく自然の風を十分に取り入れることのできる大きな窓と風が住まいを通り抜けできる出口の窓を配置することが重要です。つまり開口部の多い解放的な住まいづくりが重要なのです。

スケッチ　伊藤信繁

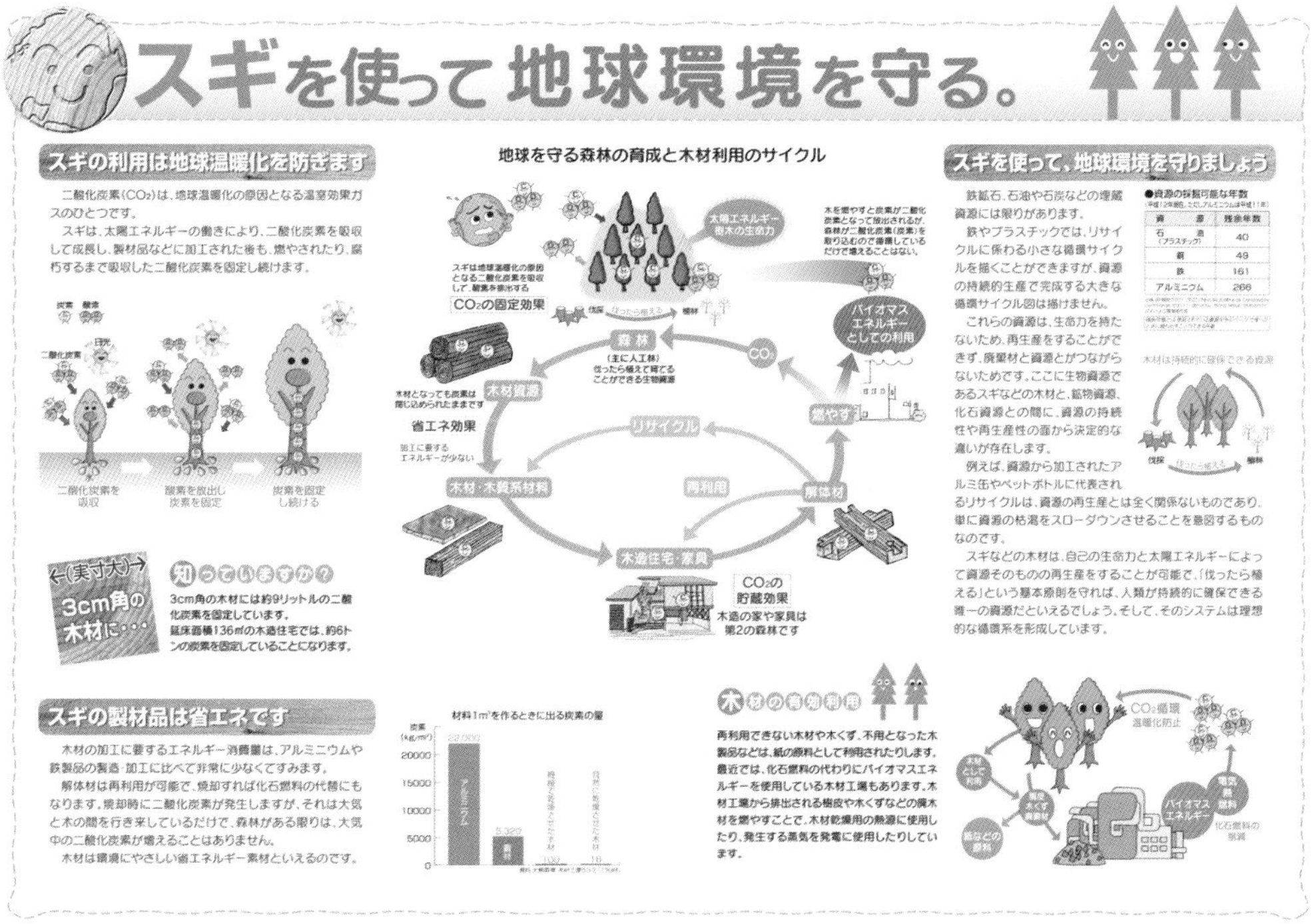

宮崎県資料より

23 アプローチが住まいの魅力度を向上

アプローチの魅力が左右
歩きたくなるアプローチ
引き込まれるアプローチ

アプローチの魅力が左右

道路から門に入り玄関まで歩くアプローチが良いか悪いかで住宅の魅力が決まると言っても過言ではない。住宅には神経を集中させてデザインから設備、材料まで十分検討して造られると思うが意外に置き去りにされるのが外構や庭園などです。特に予算的なこともあり取り残されるケースが多くなる。

せっかく建てた住宅なのでやはり玄関までのアプローチは満足できる魅力ある空間にしたい。

歩きたくなるアプローチ

足元の仕上げは大変重要なポイントとなる。また植栽や庭石、花壇などによっても魅力的になり歩きたくなるような空間になる。その家の顔となりそこに住む人の感性がうかがえる空間となる。

引き込まれるアプローチ

玄関までの距離や配置によってもアプローチの考え方は変わる。。玄関までが長いアプローチであってもまた玄関が見えなくても魅力ある空間であれば玄関まで引き込まれて行くことであろう。アイデア次第で魅力的なアプローチはできるので置き去りにすることなく造って欲しい。

サフランモドキ

24 車社会に対応した住まい

車庫のデザインは重要
車庫の出入り口

車庫のデザインは重要

車社会になり車庫のない生活は考えられなくなって来た。特に地方に於いては一家に1台でなく、2台、3台ある家庭が少なくない。このような条件の中で住宅をつくると必然的に、車庫あるいは駐車スペースをある程度確保しなくてはならない。また必然的に車庫は道路に面するように設けるので、住宅の正面になりやすく、デザインが大変重要になってくる。

車庫は副産物的に扱われ、波板、トタン、新建材で造られたりあるいは既製品のカーポートで造られてしまっているケースが多い。その結果粗悪なデザインになり、住宅本体とのバランスを壊したり、街並みの景観までも壊してしまう。

正面に設ける以上、デザインに配慮し住宅と一体的に設計し街並景観を視野に入れた設計が望まる。

木造のおしゃれな車庫

木製建具の車庫

24 車社会に対応した住まい

車庫のデザインは重要
車庫の出入り口

車庫の出入り口

車庫の位置、大きさや住宅との関係、道路との関係など様々な条件が出てくる。狭い敷地の中で計画するため出入りに無理を生じる場合がある。特に出入りを考えると前進で車庫入れすると入りやすいのだが出る時はバックになるため車道の通行を気にしながら出るとなると大変危険であり車のこない時を見計っての車庫入れになるため神経を使うことにもなる。また車庫から出る時は出易くても道路境界に造られた塀などで車両の通行状況が分かりづらく、安全確認が難しいことも多くある。運転席が鼻先からセットバックしている為見難い状況になっていることも大きな要因となっている。

この様な配置の面や安全対策のことから考えると、塀の高さえを低く押さえたり道路からのセットバックを十分に考慮し、見通しを良くし、出入りがスムースにできるような配慮をすべきであろう。

アジサイ

道路状況が確認し易い
塀の高さ

車の出入りに配慮した塀

塀の高さ位置を配慮し視覚の良い外構計画
出るときに道路を走る車が見え易いので安心感がある

車の出入りの安全性に問題

塀の高さ位置などで視覚を遮るため外出するときに
道路を走る車が見えにくく危険を感じる

第五章　住まいをつくる心

25 美しさとは？

美しさの基本形態
美術と美学
きれいと美しい

美しさの基本形態

自然界の植物や昆虫などに代表されるようにそのほとんどが左右対象（シンメトリー）の形態になっていることに気づかれているのではなかろうか。実に美しい形である。これらの形はそれぞれに異なっているがどれもが自然に調和して溶け込んでいる。

一方、人間が作り上げた様々な道具や機械などもそのほとんどがシンメトリーの形態をなしている。このような形は実用的で生活の中に溶け込んでいて実に美しい形態をなしている。

当然のことだが、建築においても同様に人々の心に深く刻まれている建築のほとんどがシンメトリーを基本とした建築となっている。美しい形態となっている建築は世界中の人々の心の中にしっかりと根付いている。

タージマハール

アルハンブラ宮殿

美しさの基本形態

シンメトリー

モミジ

シンメトリーの建築

25 美しさとは？

美しさの基本形態
美術と美学
きれいと美しい

紅葉

美術と美学

日本人のほとんどが学校で美術を勉強して来ており、絵を描いたり工作などをしてきた。絵の上手い人は将来、デザインや絵画、ファッションなど様々な道へと進んでいる。しかしながら美学とはちょっと違うように思える。

服装の選び方、料理の盛り付け、生花など、美しいものとは何なのかという美の本質や美の価値などはあまり教わった記憶がない。そのために世の中に出てからは美の価値や美しいものの基準などが分からくなっていることが多い。美的センスがないから様々な場面で適当な判断をしているのではなかろうか？

そのことが原因かもしれないが地方の街並みが貧弱に見える。建築の多くは地域の人が注文し地域の工務店などによって造られているのが現状と言える。従って、統一性のないバラバラな街並みになっているものと考えられる。これまで古い家屋に住んでいた人が多かったため経済的にゆとりが出てきた昭和の四〇年代以降に綺麗な住宅に憧れて造られたことも大きく影響しているものと思われる。美しいものを造ると言った考え方はあまりなかったように思える。

一方、欧米はどうだろうか？日本と異なり石の文化であり百年二百年も住み続けるようなしっかりした建築づくりが根付いているため、スクラップアンドビルドのような安易に住まいを造ることはない。そのために何世代でも住み続けられるような住まいとなっている。

また、ドイツの保育園では木の積み木を使って美しい形を遊びながら造る教育が取り入れられている。美の基本となっている左右対象になる形を造ることで自然に美しいものとは何か？を学んでいるのです。これらの体験は大人になってからあらゆる面で役立っているものと思う。

これこそが美学の原点ではなかろうか。従って家づくりにおいても住む人から造る人までもが美しいものを必然的に生み出すことになっているのではなかろうか。ヨーロッパの街並みが美しいのは当然のことかもしれない。

幼児の時から美学に触れ合うような環境づくりをすることが大切と思います。

美術　と　美学　は　違う

美術　⇨　学校教育で学ぶ

美の視覚的表現をめざす芸術。

絵画・彫刻・建築・写真など。

ペンキ塗は技術

美学　⇨　学校教育で学んでない

美の本質・原理などを研究する学問。

色彩計画は美学

美を学ぶ（ドイツの幼稚園）

木製の8個の立方体

1辺が2.5cmの立方体が8ピース入っているセットです。

この恩物を使って、子ども達は生活の形、美しい形、数学的な形を表現・理解します。

生活の形というのは、いわゆる見立て。子供達は日常にあるいろいろなものを見立てて積木で表現します。

美しい形というのは中心から放射状に積木を並べながら、幾何学的な模様を変化させて遊びます。

形のリズム、バランス、調和を感じ、美しさに対する感性が養われていきます。

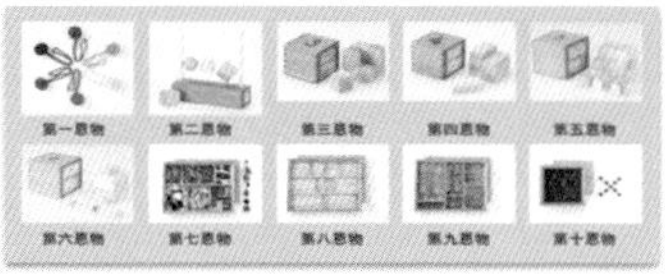

美の原点はシンメトリー

左右対称で何がつくれるか？

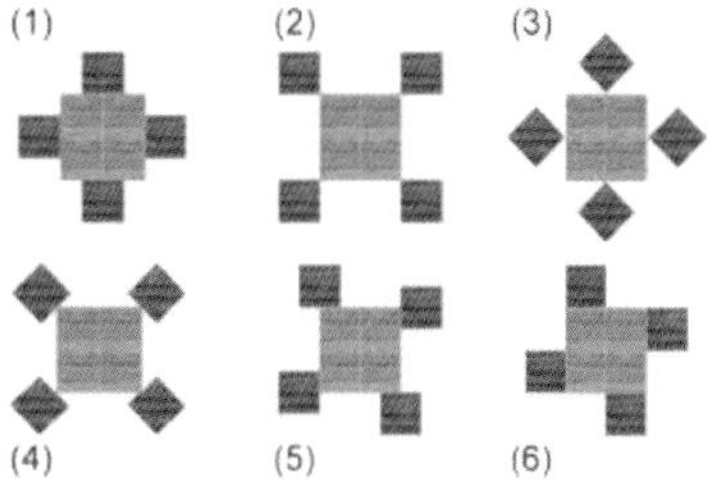

- シンプルの中から創造する
- 生活の課題
- 物を言葉で説明する
- 勉強させる
- 美の形、形態を学ぶ
- 対象とはどのようなことか
- 調和→人間の気持ちがほっとする

25 美しさとは？

美しさの基本形態
美術と美学
きれいと美しい

きれいと美しい

「美しい」の反対は「汚い」？ではなく「醜い」になる。意外に間違って使われている言葉かも知れない。美しいものはどんなに汚れても美しいのだが。きれいなものが汚れると汚くなるだけである。

一方、醜いものはどんなにきれいにしても決して美しくはならない。つまり、住宅もアンバランスな形で調和を乱した在用や色彩で造られたものは醜い建築となり美しくはない。新築の時はきれいであっても時の経過と共に汚くなる。しかし、美しい住宅は何年経っても美しい。もちろん汚れてきますが永遠に美しい姿として残るのである。

美の存在しないところに知恵は生まれない

美を追求することがなければ何一つ新たなるアイデアも発見も創造を生み出すことはない、従って新たなる知恵も生まれることもないだろう。つまり美しいさを追求することで様々な知恵が生まれるのです。

きれい　と　美しい　は　違う

きれい　⇔　汚い　　きれいなものは時が経つと汚くなる

看板・塗装・外壁・建材・クロス
床・車・建物

美しい　⇔　醜い　　美しいものは永遠

壺・絵画・形・音楽・料理・美人
道具・自然・動植物

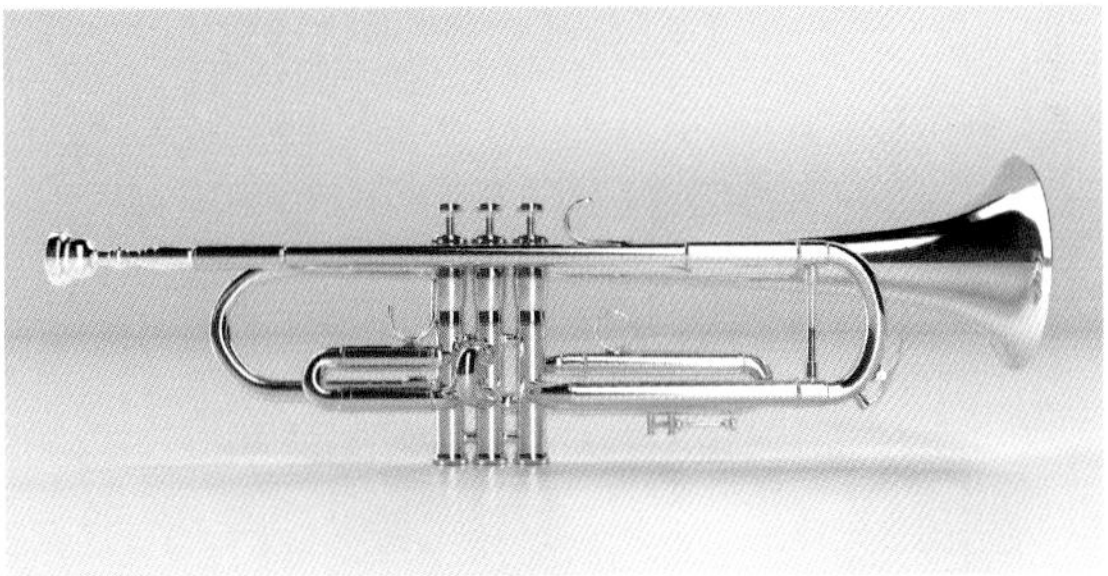

26 心と形とは？

形にどんなものがあるの？
想いをどのように伝えるのか？

形にどんなものがあるの？

　形と言うと先ずは物体を思い浮かべると思うが実は他にも様々な形があることが分かる。例えば音楽、味覚、香り、触覚なども形と言える。よく陶芸家などから何故このような形が生まれたのか、何故この様な色にしたのかあるいは大きさ、重さ、素材などの意味の説明を受けることがある。その作品の思いや理念を知ることで理解度が全く違ってくるのではないだろうか。

想いをどのように伝えるのか？

　物体は見せることである程度理解できるものだが楽器の音はどのように伝えたらいいのだろうか？音楽はどのように伝えたら良いのか？見せるだけでは伝わらない。また話しても理解できないのである。

　しかし具体的に楽器を使って音を聞かせることで理解でる。料理はどうだろうか？こんな味ですと伝えても味は分からない。やはり賞味をさせて初めて分かるものものである。このように伝えたいものの形は全く違うので思いを伝えるには心をどのような形で表現するのかもう一度その手法や方法を考える必要がある。

　住まいづくりにおいても同様なことが生じてくるため家族の思いや要望など設計者や工務店などに思いを伝える必要がある。その思いがお互いに伝えきれなかったことで出来上がってからこんなはずではなかったと後悔する。

　施工する側も同様に見本帳やカタログ、写真、あるいはショウールームなど様々な方法でお互いの理解を深めることが必要である。

何故このようなデザインになったのか？
素材は？色は？形は？温度など作品を作るに当たって様々な技が秘められている。その理由を理解することで絵作品の意味を深く知ることになる。

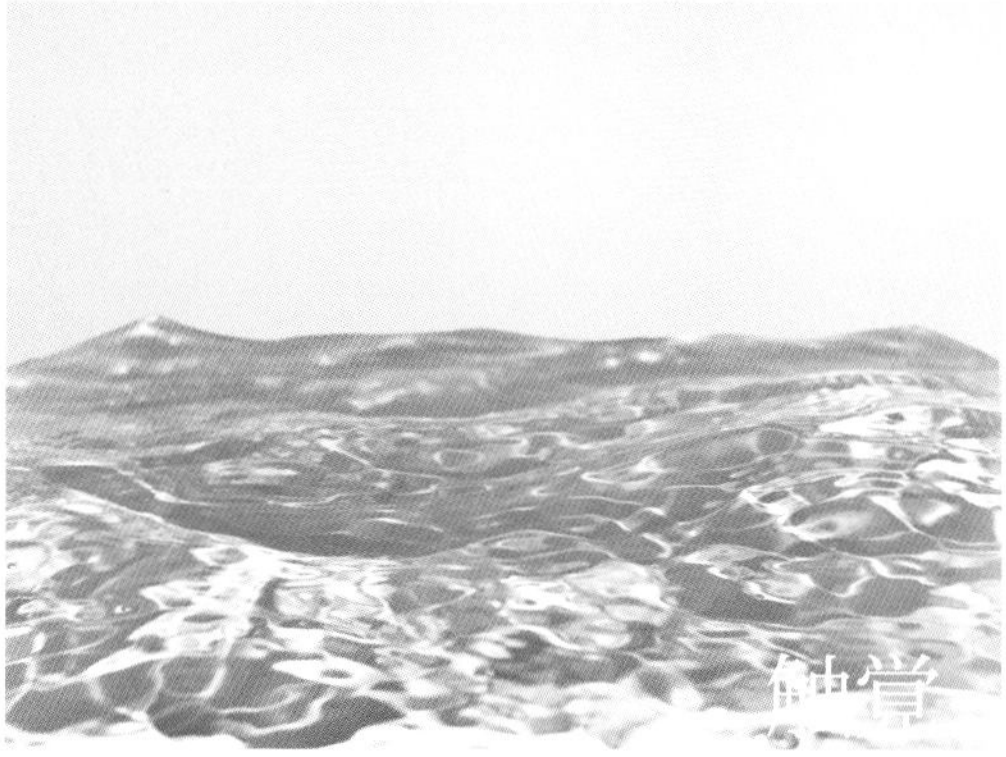

形にはどんなもの
があるのか？

「心は形を求め　形は心を求める」

音・味・匂い・触・見・・・・・

形は多種多様

第六章　人の「心理」と「行動」

27 人の心理とは？

レストランの座席の選び方
歩きたくなる道（アプローチ）
蛇行した道と真っ直ぐな道
料理の松竹梅
神社のアプローチ

レストランの座席の選び方

何故レストランで窓側、壁側が先に埋まるのか？

レストランの席に座るときにどこの席を選ぶだろうか？おそらく窓側の席が空いていれば第一に選ぶことだろう。あるいは壁側の落ち着いた席を選ぶのではなかろうか。そして最後に残るのが真ん中の開放的でどこからでも見えてしまうような席になるのではないだろうか。

これらの心理は動物の本能が働いていると言われている。動物は背後からの敵が一番怖くまた一番気をつけるエリアなのである。

人も同様に真ん中の席はどこからも見られてしまい、プライバシーにおいても一番気になる場所である。だから、窓側や壁側は安心感やプライバシー面からしても最も落ち着く場所になると思う。

歩きたくなる道（アプローチ）

ブロック塀のある道やデコボコの道、または石畳の路地や飛び石などの散策道のどちらが歩きたいだろうか？当然、美しく設られた道の方を選ぶと思う。住まいは道路に接して建てられ道路から玄関までの歩く道。つまりアプローチをいかに魅力的にして歩きたくなるようにするかが重要なのである。

しかしながら、道路から玄関までのアプローチが荒れたままになってしまっている住まいが多いのは残念なことである。ちょっと気にかけるだけでも魅力的なアプローチになるのである。

セイヨウフウチョウソウ

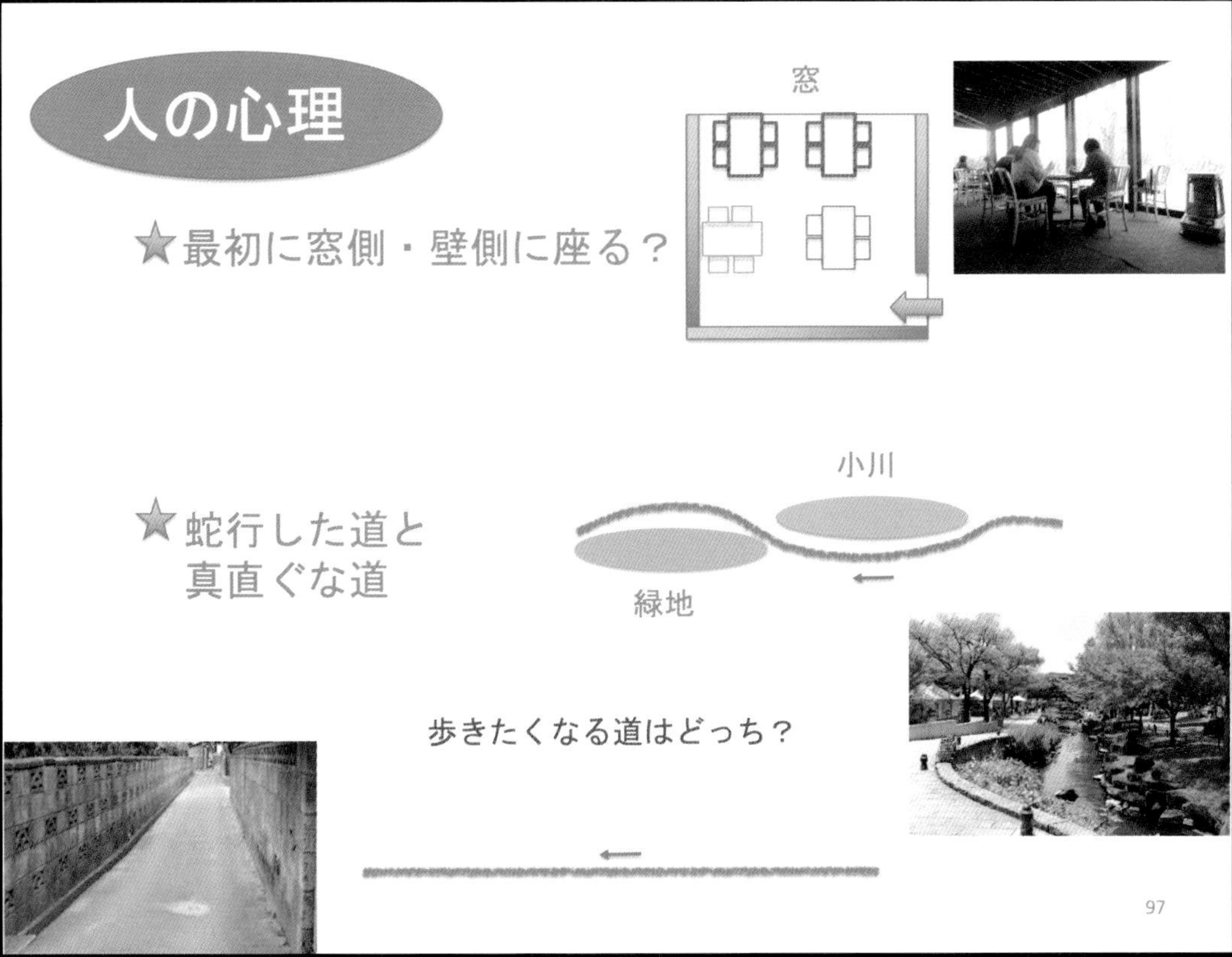
人の心理
窓
★最初に窓側・壁側に座る？
小川
★蛇行した道と
真直ぐな道
緑地
歩きたくなる道はどっち？
97

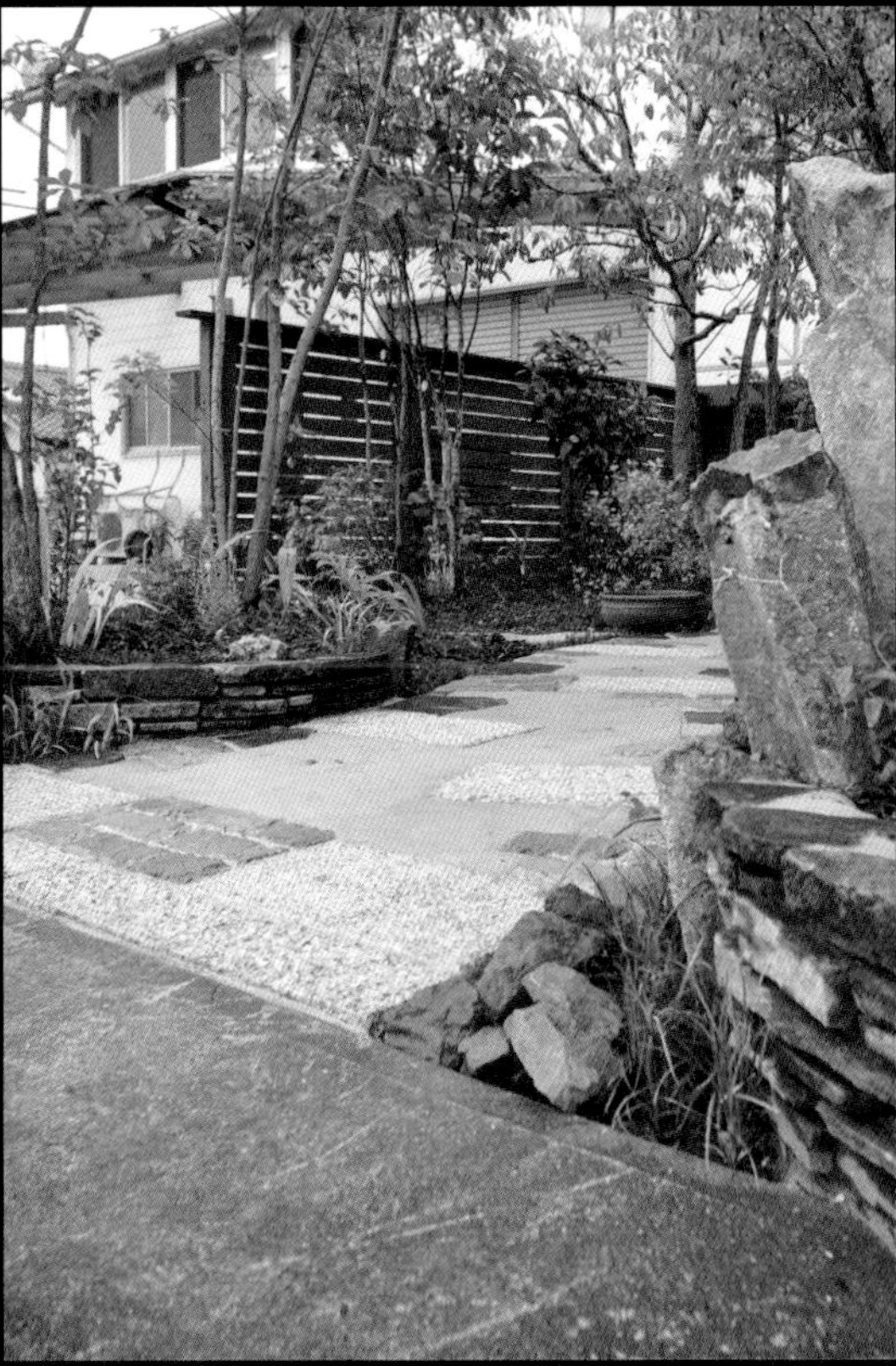

家づくりで忘れてはいけない人の心理

27 人の心理とは？

レストランの座席の選び方
歩きたくなる道（アプローチ）
蛇行した道と真っ直ぐな道
料理の松竹梅
神社のアプローチ

蛇行した道と真っ直ぐな道

想像してください。ゆったりと曲がった小径があり、道の横にはせせらぎや芝生、樹木がある。散歩したくなる魅力的な空間が想像できる。

一方、真っ直ぐな道があり、両サイドにはブロック塀のある殺風景な道とどちらが歩きたくなる道だろうか？当然ながら蛇行した景観の良い道を選ぶだろう！

このことは住まいの中の廊下に例えることができる。一般的に陥りやすいのは直線的で両サイドが壁に囲われ、明かりのない暗い廊下である。やはり、蛇行した明るく風通しの良い廊下の方が快適な空間となる。途中に中庭が見えたりトップライトの光が注いだり、ギャラリーのような文化を感じる空間があったりするような廊下の方が魅力的である。

直線でも蛇行しても両サイドがブロック塀だったり殺風景な道は楽しくない。比較するとわかるように歩く道は楽しい方が良い。住まいづくりは建築本体のデザインで決まるが道路と敷地の接点である塀などの外構の設計は街並みに大きく影響を与える。そのことを考えるだけでも通りの道は快適になり魅力的な街並みができる。

シモツケ

ワクワクする路地・散策道

どちらを選びますか？

ブロック塀に面した殺風景な通り

家づくりで忘れてはいけない人の心理

27 人の心理とは？

レストランの座席の選び方
歩きたくなる道（アプローチ）
蛇行した道と真っ直ぐな道
料理の松竹梅
神社のアプローチ

料理の松竹梅

レストランで食事をする時見受けるメニューに松竹梅の表示がある。この時どのような判断をするだろうか？久しぶりに食べるから奮発して松を注文しようか。あるいは普通に竹にしようか。贅沢を止めて梅で良いか？などの選択肢に分かれることだろう。

住宅を造るときでも材料を選ぶとき、設備を選ぶときなど同様の選択肢がある。選択肢が一つしかない場合は仕方ないが通常、いろんな選択肢があった方が夢が広がるのではなかろうか。少なくとも3つくらいの選択肢があると様々な検討ができ楽しみも広がる。

神社のアプローチ

神社に参拝に行くとしたとき鳥居から本殿までに平らな参道をしばらく歩き本殿に近づいた時に階段があることが多いと思う。どんなにきつい階段がそこにあってもここまで歩いてきたのだから引き返すことなく登って参拝することであろう。

一方、鳥居の直ぐそばに急な階段があるとそのきつさや圧迫感に圧倒され諦めてしまうことがあるのではないだろうか？このような判断に至るのは心理が働いている。

よく考えてもらいたい。鳥居から本殿までの距離、高さはどちらも同じである。従って歩く距離も登る階段も同じである。しかし、歩きたい気持ちには大きな違いが生じてくる。このような心理が働くことを十分理解した上でアプローチの計画を行うと目的地まで快適な誘導ができる。

玄関までのアプローチの計画にも通じる。また、玄関が見えなくても楽しいアプローチにすれば楽しく誘導できる。

上寿司　松

並寿司　梅

中寿司　竹

どちらを選びますか？

高さと距離は同じ

★ 神社のアプローチ

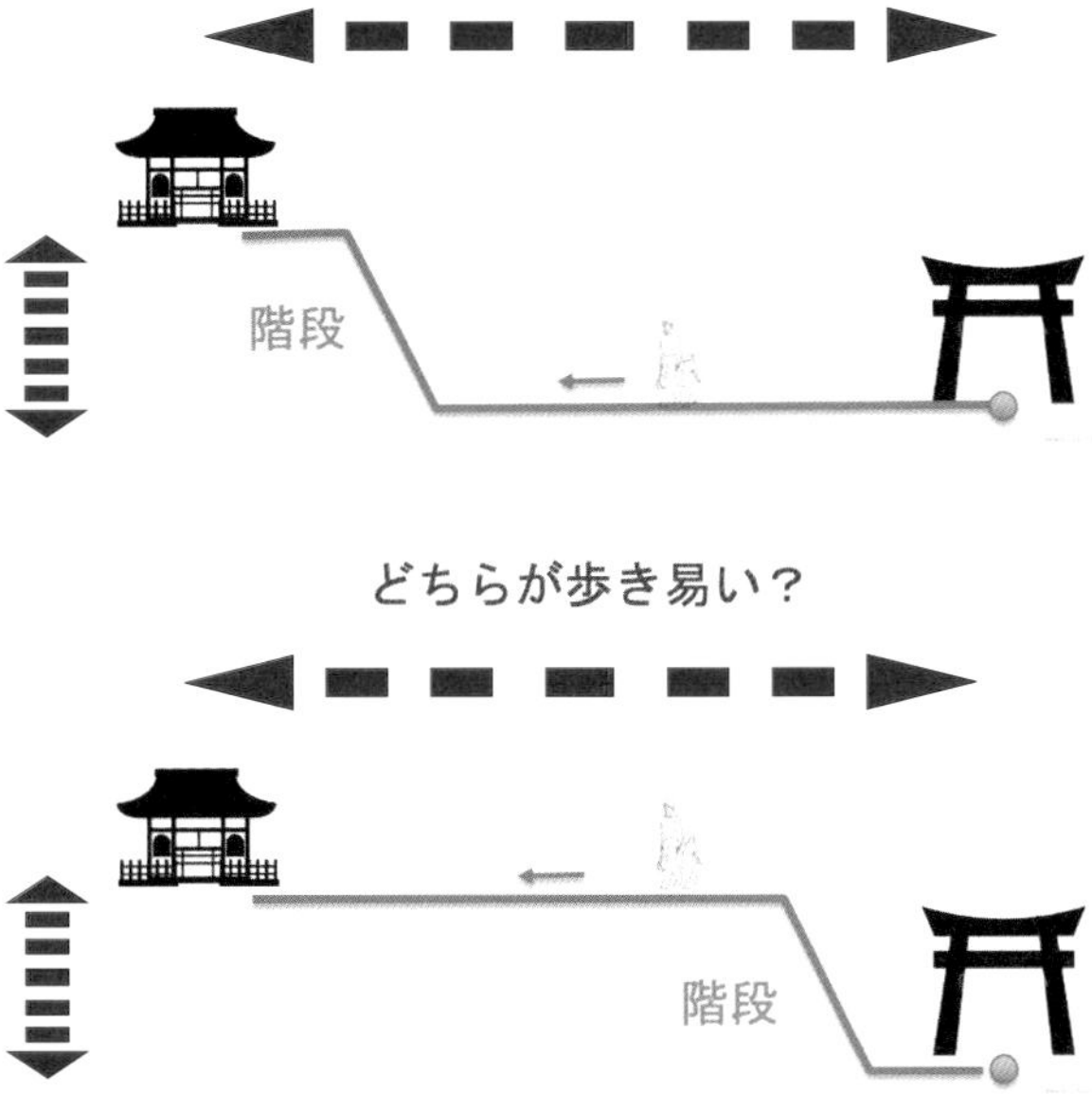

28 比較すると見える「さ」の感覚

風は見えない
明るさと暗さの世界
重いと重さは違う
広いと広さは違う
若いと若さは違う
飛行機の中のスピード感は？

風は見えない

一般的に今日は風が吹いているとか吹いていないとか直ぐに分かるかと思う。それはどのようにして理解しているのだろうか?多分、樹木の揺れとかゴミが飛んでいるとか、洗濯ものが揺れているなど目に見える対象物があるか、あるいは体に直接あたり肌で感じるかで分かる。

もし、揺れ動くものが全くなかったり、肌で感じることができなかったら風が吹いているかどうかの判断はできないであろう。比較するものがあることで風の存在を知ることができる。

明るさと暗さの世界

「明るい」と「明るさ」、「暗い」と「暗さ」、「広い」と「広さ」は意味が違う。

明るいとは科学的な照度のことを言い、明るさとは周辺との対比による明りの感じ方を言う。懐中電灯の明りは日中では全く明るいとは感じない。しかし闇夜の世界では明るく感じる。蛍の明りが夜になると見えるように周囲との比較により始めて明るく感じるものなのである。

従って照明の明りも対比を考えて計画することにより、より一層効果が生まれてくる。

事務的な作業や精密作業のように照度を必要とする場合は、蛍光灯のような十分な照度が確保できる器具を選定すれば良い。しかし、食事や団欒、床の間、壁面、浴室、トイレなど雰囲気を重要視する空間では、白熱灯などの暖かみのある照明器具が良い。

暗い部分と明るい部分が適度に調和する空間は安らぎがあり落ち着きがある。

重いと重さは違う

通常、重量を表示するにはキログラムとか貫、ポンド、オンス、カラット、など様々な単位がある。体重５０ｋｇと使っているが宇宙では重力がないので０ｋｇになります。ここで言う重いとは重量のこと。

しかし、「重さ」とはその数値ではなく物体を持って比較した時にどちらが重く感じるかと言うことである。同じものでも引っ張る時と押す時に感じる「重さ」は異なる。持ちにくいものと持ちやすいものとでも感じる「重さ」は違ってくる。また形によっても感じる「重さ」は異なる。

比較することでわかる

- ★ 明るいと明るさとは違う
- ★ 暗いと暗さは違う
- ★ 懐中電灯は明るいか暗いか？
- ★ 重いと重さは違う
- ★ 鉄1tと綿1tは？
- ★ 風は見えない

蛍光灯の冷たい照明

ダウンライト・ペンダントの暖かい照明

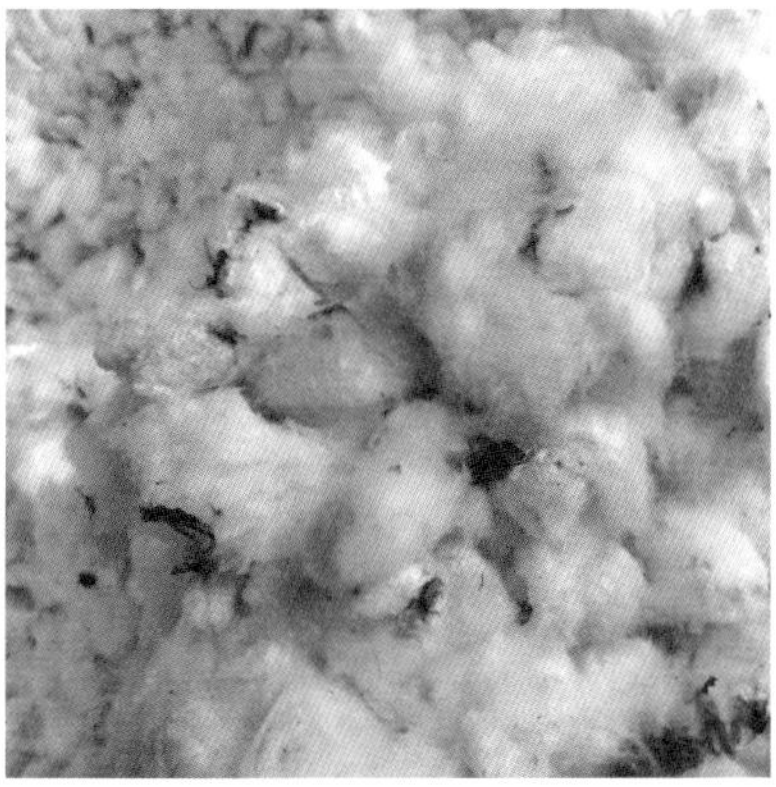

綿 1kg　軽く感じる

鉄 1kg　重く感じる

28 比較すると見える「さ」の感覚

風は見えない
明るさと暗さの世界
重いと重さは違う
広いと広さは違う
若いと若さは違う
飛行機の中のスピード感は？

広いと広さは違う

広いと広さも同様に広いとは実質の面積で判断するが広さの方は狭い空間でも意外と広く感じる場合があると思う。

ここで重要なことは「さ」に趣をおいて計画する方が魅力的な住まいをつくることができると思う。

若いと若さは違う

人も年齢を聞いて自分より上か下なのかを一般的に判断するが見た目の年齢と実年齢のギャプはみなさん体験していると思う。

そのときにどのような判断をするかと言うとあの人は若いが若さがないねと言い、一方高齢だけど若さがあるね～

このように私たちは「さ」の方を重要視している方が多いと思う。

飛行機の中のスピード感は？

飛行機の中から外を見るとどれくらいのスピードなのか全く分からないと思う。ただ、雲があったり島などが見えると動いていることは分かるのだがスピード感は把握できない。近くに比較できる対象物がある時にスピードを感じることができる。

また、同じ時間を過ごしていても体感時間の感じ方が違うことを経験されたことがあるだろう。例えば研修時間や殺風景でつまらない直線道路では時間が長く感じ、楽しい遊びの時間やせせらぎの川、田園風景などが続く気持ち良い道では時間を短く感じるであろう。このように環境によって体感時間やスピード感は異なる。

押入れの下まで畳を敷くことで４畳半の部屋が６畳に見え広さを感じる空間となる

サルビア

29　視覚コントロール

窓の高さをコントロール
眼の高さでデザインが変わる
隣家からの視線を遮る
風景を楽しむ
縦長の窓
地窓の効果

窓の高さをコントロール

窓の高さを決めるときに掃出しのサッシュの高さ（内法寸法）を基準として高さを揃えることが一般的かもしれない。そして他の窓の高さも揃えている。窓の用途、目的はデザインだけでなく通風、採光、防犯などの機能や風景を楽しむこと、プライバシーを守ることなど様々な役割がある。

そのために高さを変えるだけでも全く異なった機能や魅力も向上する。

例えば食堂に設けた窓が隣から丸見えになり開かずの窓になるケースがあるが、それは隣の家の環境がどのようになっているかを調べないまま造ってしまった結果だと思う。

もし、想定できていれば窓の高さを目線より下に設置することで隣から見られることはない。また下の方に庭を造れば庭を見ながら食事ができプライバシーは守れるといった魅力的な空間となったはずである。

つまり、窓を設けるときに視覚のことをしっかり考えておけば視覚コントロールができる。

窓の高さをコントロール

見せるか見せたくないか？
窓の高さを変えることで視覚のコントロールをする

29 視覚コントロール

窓の高さをコントロール
眼の高さでデザインが変わる
隣家からの視線を遮る
風景を楽しむ
縦長の窓
地窓の効果

眼の高さでデザインが変わる

窓の高さを決めるには目の高さが重要なポイントとなる。それらは生活スタイルが常に影響する。畳に座った状態の目の高さは約０．８メートル、椅子の場合は１・２メートル、ベッドでは０・５ｍ、寝転がった場合は０・１メートルと言った具合に行動で各々変化する。

又浴槽に浸かった場合、ソファーに座った場合、階段を登る場合、廊下を歩く場合等各々変化する。つまり窓の高さや大きさ、形等を決める時にはこれらの要件を十分に加味して決定しなければならない。

見せたい時、隠したい時、解放したい時、締め切りたい時、すき間風を入れたい時など人の生活による感情、心理で大きく左右される。開閉方法にしても様々である。引き違い、ハメ殺し、片開き、ルーバー、突き出し、スベリ出し等これらの開閉方法も目的にあったものを選定しなければならない。

どれくらいの高さに窓を設けると、どの様な景色が見えるか、またどの様な生活を楽しむか、窓を通して何を見たいのか、通風、採光のためなのか、プライバシーなのか、という視点で高さを計画することで窓の大きさ、高さ、位置などが必然的に決まってくる。

隣家からの視線を遮る浴室から見える中庭
目隠しのために板塀を設け天井にはパーゴラを設けて隣家の２階からの視線を遮る

⇦ 風景を楽しむ
畳に座った状態で視線の高さが窓の中心になるよう視線をコントロールする

⇦ 目の高さでデザインが変わる
外部空間が解放的に見える窓にすることで階段を上下するときの視線が変化する楽しい空間となる。

29 視覚コントロール

- 窓の高さをコントロール
- 眼の高さでデザインが変わる
- 隣家の視線を遮る
- 風景を楽しむ
- 縦長の窓
- 地窓の効果

隣家からの視線を遮る

隣近所の配置や窓の位置を調べることは大変重要である。こちらから見ることだけを気にして計画すると完成した後に隣の窓から丸見えになってしまいせっかくの眺望が台無しになることがある。

やはり、近隣の窓から見られると言う視点で計画しておかないと大失敗につながるため十分に調査しておくことが重要である。

風景を楽しむ

窓は通風採光だけではなく庭や周辺の景観を楽しむことにも重要な役割を持っている。窓の位置を決める時には周辺の環境も視野に入れて計画することが重要になってくる。

縦長の窓

縦長の窓はタンスや家具などがある部屋やクローゼットなど一般的な引き違いサッシュではうまく取り付かないような場所には最適なサッシュと言える。幅が狭く縦長になるために思いがけないデザインができるものと思う。

地窓の効果

和室の場合、畳敷きになるので寝っ転がるような生活をすると思うがその時に高窓の場合、風は上の方を通り抜けるため寝ている人の身体に風が当たることがないので涼しくなることはない。地窓にすることで涼しく生活ができ、また隣からの視線を遮る役割や視覚コントロールの役割も持つのである。

ススキ

下　地窓の効果
畳面に近い地窓と中庭に面する窓の効果で風通しの良い和室となっている。
窓の大きさや高さをコントロールしてつくることで快適な空間ができる。

第七章　美しい街並み景観づくり

30 美しい街並み景観

街並み景観を考慮
表と裏
見せたくないものは隠す
エクステリアは街の顔

街並み景観を考慮

汚い街より美しい街に住みたいという願望は皆さん思うことだろう。世界中で住みたいと思われる様な魅力ある街の全ての景観が美しく絵に書いた様な街である。この様な街は個人が勝手に家を建てていることはなく街並み景観づくりのルールに従って造られているのである。

個人の我を通して好き勝手に造った家並みは全体のバランスを壊してしまい醜い街となっている。このような街に住みたいと思えるだろうか。誇りに思える美しい街をつくることで多くの人々に愛される街ができるのであろう。

景観とは

景観はみんなの財産（宝物）
みんなの手でつくり、守り、育てるもの

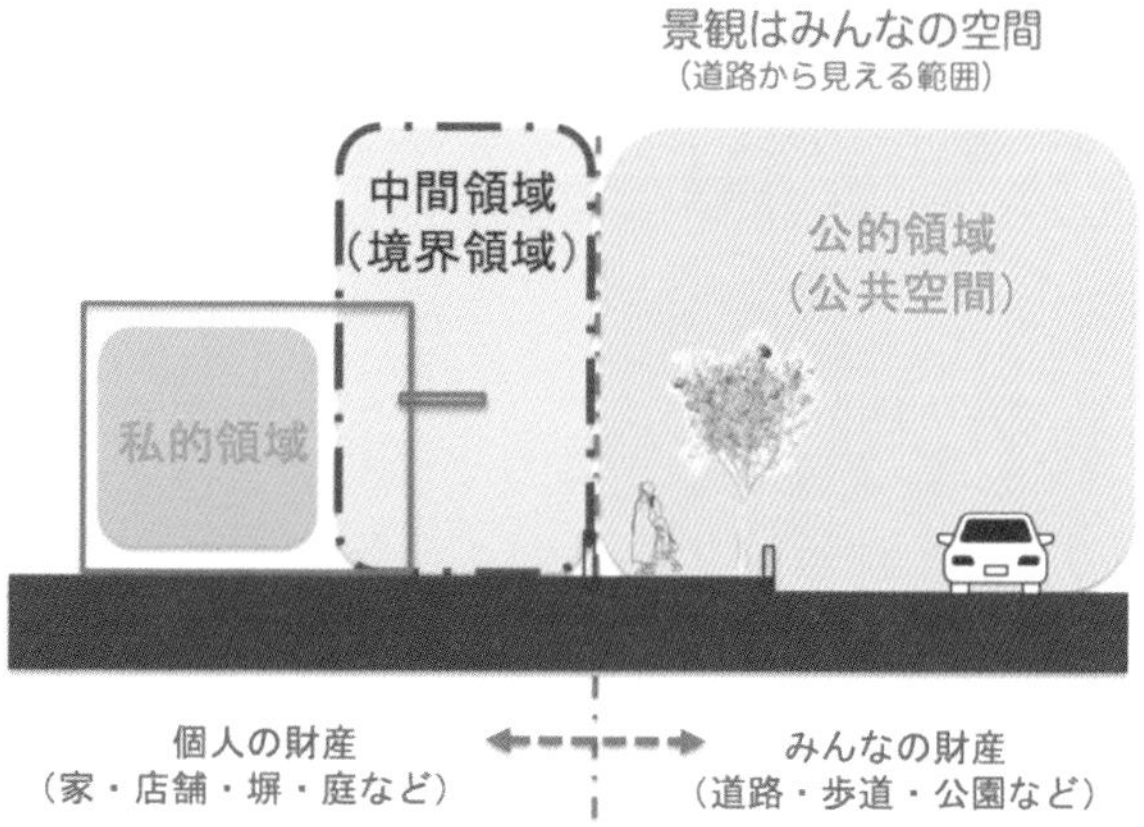

景観とは

景観をつくる人とは？

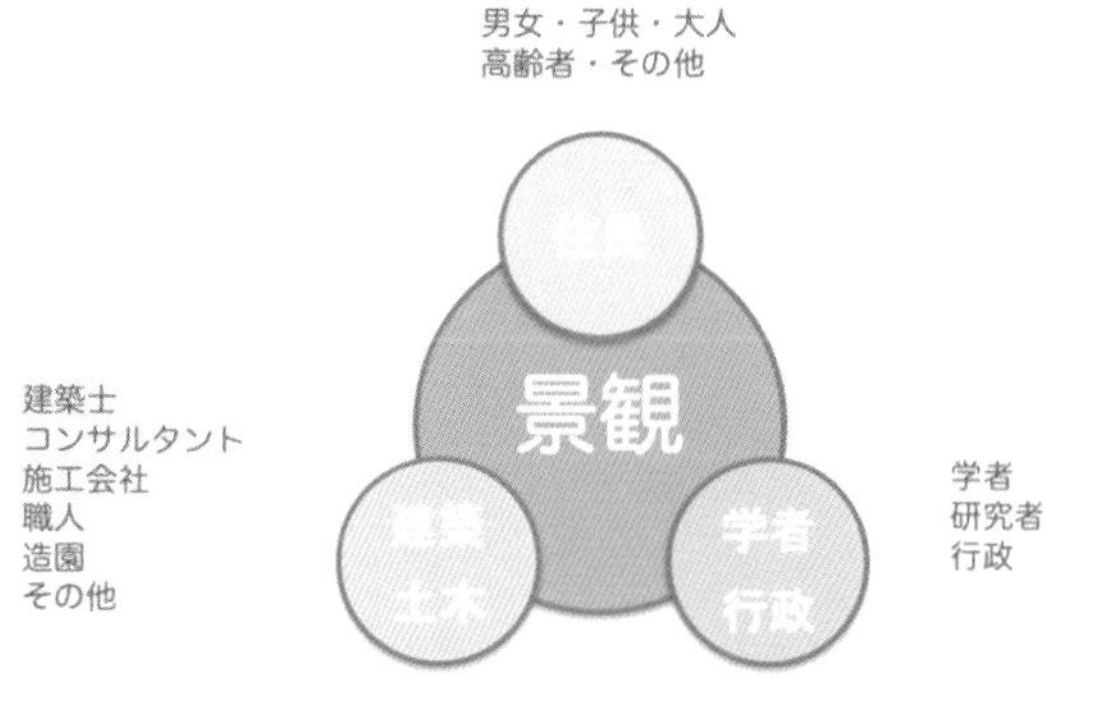

景観まちづくりは新築ではなくリフォーム

～景観10年・風景100年・風土1000年～

30　美しい街並み景観

街並み景観を考慮
表と裏
見せたくないものは隠す
エクステリアは街の顔

表と裏

住宅を造るとき、一般的に南側や玄関のある面を表として考えられ北面や西面は裏として考えている場合が多い。

南が表、北が裏と考えた場合、裏に建てる住宅は南側に建つ家の裏側を見ることになる。と言うことは一生涯において前面に建っている住宅の裏を見続けることになる。

これらは全て自分のことだけを考えた結果起きている現象であり隣近所のこと、街並みのこと、道のことを考えて建てるなら考え方が変わってくると思う。

街並と言う視点で考えると東西南北ではなく道から見える景観、後ろの家から見える景観と言う視点になるのでデザインの考え方が変わってくる。後ろの家から見られる外壁、窓、工作物、塀など意識して造るので当然、デザインが良くなる。何気なく裏として捉えているから粗雑なデザインになっている。設計、施工する人も同じ人なのでデザインができない訳ではなくたまたま気にすることなく造っているからであり意識することでデザインは向上し美しい住宅になってくる。

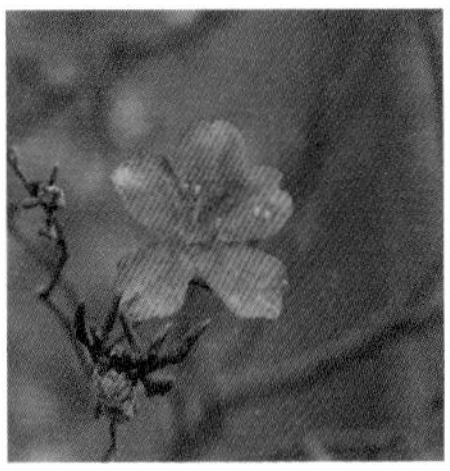

ツツジ

菜の花

裏側の景観も美しく！

30 景観づくりの豆知識

街並み景観を考慮
表と裏
見せたくないものは隠す
エクステリアは街の顔

見せたくないものは隠す

住宅には本体以外のものが数多く付属してくる。例えば、洗濯干し場、ボイラー、エアコン室外機、プロパンボンベ、物置、車庫、自転車置き場など様々である。

これらは意識して計画しない限りバランスが壊れ醜い景観となってしまう。計画する時に全体的なバランスを考えたり、見せたくないものは極力隠すと行った方法を取ればより良い環境を造ることができる。

どこから見られるのか、あるいはどこまで見せるのかを考えることが大切である。

木柵でゴミ置き場を隠す

エクステリアは街の顔

道路と塀、庭、そして住まいと繋がって街並みが形成されているが塀を造って遮断するケースがとても多く見られる。しかし、道路から見える塀は個人のものであることは当然だが反面、半公共的な役割も持っている。道路から見える景観は不特定多数の多くの人が見ておりまた見られてもいる。魅力的な街並みは住宅そのものの影響も大だが同時に境界線の塀や門、植栽の影響も大きい。更に車庫のデザインも街並み景観に大きな影響を持つ。

エアコン室外機を木製格子で隠す

プライバシー保護と街並み景観をつくる

第七章　美しい街並み景観づくり

31 日本の美しい街並み景観

都市部の街並み景観

集落の景観

32 世界の美しい街並み景観

ドイツの街並み　ワイマール

美しい街並み景観づくり

32 世界の美しい街並み

小さな村の街並み風景

カナダの郊外住宅団地

ドイツの小さな村

ドイツの小さな町

第八章　設計とは？

33 設計とデザイン

設計とは？

木造住宅の設計では専門家でなくてもちょっと興味を持っていれば平面図や簡単なデザインはできるため、意外と誰もが入りやすい設計かも知れない。通常ある程度の規模になれば建築基準法上設計の資格が必要となるので建築士になってくる。しかし、小規模の住宅であれば工務店やハウスメーカーなどで設計施工したり、あるいは設計事務所で設計し工務店や建設会社などで施工するといった方法になる。

設計事務所と設計施工の業者とどこが違うのか？というと一般的な素人の人では判断がつかないことが多いのではと思う。選定する理由として、知り合いだから、看板を良く見るから、評判を聞いたから、おしゃれなデザインだから、工事費が安いから、いい仕事をしているから、材料がいいから、広告を見たから、ホームページで見たからなどその要因は様々であり、それぞれの立場で特徴があるのでどこに頼むのかは自由です。

ここで設計とはどの様なものなのか分かり易く説明しておこう。アマチュアとプロという観点から比較するとわかりやすいのではなかろうか？例えば生花についてだが、それぞれの人に同じ花の材料を使って一定の時間内で生花を生けて戴く。そうするとそれぞれのセンスで生花が出来上がる。しかしその結果は凡人だったり才能ありといった作品になるのである。この時の見積もりはというと材料が一緒人件費が一緒なので金額は当然一緒になる。さてあなたはどちらを選ぶだろうか？

次は料理についてだが、食材は一緒、時間は一緒、人件費は一緒。さて出来上がった料理の味はどうだろうか？皆さん経験者なので、ある程度の料理は作れる。しかし、才能ありの人が作ると味だけではなく盛り付け、芸術性までもが一流となる。でも、金額は一緒です。

最後に音楽では楽譜を基に演奏する。同じ楽器、同じ時間、人件費は一緒。その音楽はどうだろうか。凡人と一流では全く異なってくる。作曲だとどうだろうか。凡人でも、一流でも作曲はできるだろう。しかし、一流の作曲家はいつどんな時でも人の心に感動を与える音楽を作れる。

設計を例えると?

アマチュアとプロの違いを比べるとわかる

生花、料理、音楽で例えて分かるように設計も設計者の力量、センスで大きく変わります。せっかく住まいを建てるのであれば良い設計を望みたいと思うのが常です。音楽にもジャンルがあるように好きな曲を提供してくれる作曲者がいるように設計者も得意なジャンルがある。自分の理想をかなえていただけるような良い設計者を選ぶことが大事なのです。

工務店でもハウスメーカーでも必ず設計者がいる。そこの設計者の考え方や能力で住宅作品ができているので、是非、いろんな住宅を見比べて判断して戴きたい。

34　設計とデザイン

設計者を選ぶ

設計者を選ぶ

住宅の設計者を選ぶ時に最も迷うのが設計者をどうのように選ぶのか?都会と田舎ではその方法は大きく違ってくる。インターネットのない時代では建築雑誌や住宅展示場、知人や親戚などの紹介で探していた。特に田舎では書店もなく住宅展示場もないまた設計事務所もほとんどない世界。従って設計者を選ぶというより施工会社あるいは大工さんを選ぶことが主流であった。

しかし、近年ではパソコンやスマートホンの普及で圧倒的にSNSを使った情報収集が多いのではと思う。そのためにデザインや設備、材料など様々な情報が入手できるようになってきている。しかし、設計の専門家のアドバイスや具体的な空間体験ができないのが現状かと思う。

このように情報を得ているのにやはり選ぶ範囲はハウスメーカーや工務店、知り合いの大工さんの範囲に限られているのが現状かも知れない。せっかく住宅をつくるのであれば誰がどのような住まいを造っているのか?どのような設計をしているのか?など調べる。

できれば実際できている住宅を見学することをお勧めしたい。

スケッチ　伊藤信繁

(b). 設計・施工分離発注方式
(建築家＋工事会社・工務店など)

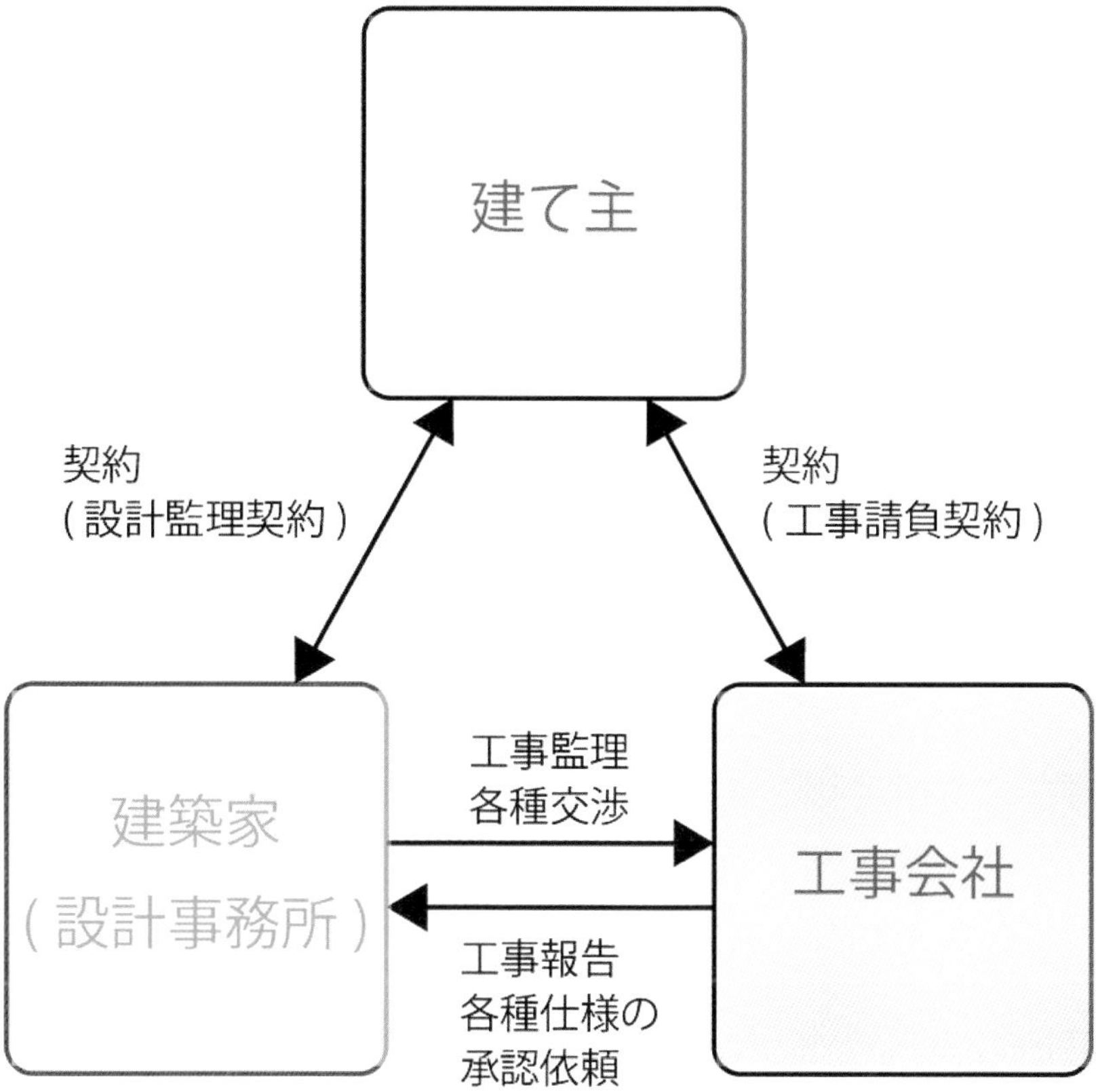

35 設計の進め方

- 情報を集める
- 任せるが命取り
- 雑誌から情報を得る
- スクラップブックにまとめる
- 家具調度品のリストづくり
- 新しいライフスタイルを見つける
- 将来の生活イメージをつくる
- おさいふ

情報を集める

　地方（特に過疎地域）においては建築雑誌がない、モデル住宅がない、ショールームがない、建材店が少ない、画材店がない、模型材料店がない、レストランがない、映画館がない、デパート、ファッション関係、美術館、音楽ホール、大学、専門学校などの教育機関が全く存在しない。建築家、音楽家、画家などの芸術家や文化人がいないなど数えれば切りがない。つまりこのように都会から比べると圧倒的に情報が少ないことが住宅を建てる上で大きなマイナス要因であろう。

　近年マルチメディアが普及し、かなりの情報が得られるような環境になって来たがまだほんの一部に過ぎない。中でもインターネットの普及は目を見張るものがあるがこれらも全て仮想空間の体験しかできないのが現状である。やはり建築は五感を通して空間体験をしなければなかなか実感として捉えることはできない。

任せるが命取り

　部屋数と予算、そして大まかな仕上げだけの簡単な注文で後は専門的な知識がないので設計は任せると言いながらプラン（間取り）をつくらせるクライアントを多く見かける。暫くしてプランができ上がり、いざ打ち合わせをすると思った通りの計画が出来てなくがっかりする。実際この程度の設計条件では納得いくプランが出来るはずがないのである。出来る限り多くの条件やイメージ写真、雑誌などの資料を集め注文することが必要不可欠である。

　生涯一度の家づくり。たくさんの情報を集めて自分たちの想いを詰め込んだ家づくりを計画することが大切である。

アジサイ

ボタン

情報集め

住宅展示場見学

私たちが情報を集める手段として建材店やホームセンター、エアコンや各種家電製品、家具店などの店舗を見て廻ること。また展示場などに足を運ぶこともお勧めです。

具体的な説明を受ける

ホームセンターなどの見学

35　設計の進め方

雑誌などから情報を得る

車やテレビ、カメラ、パソコンなどを購入するときは、いろんな本やカタログを参考にしながら慎重に決定している。しかし、一生一代の大きな買い物である住まいをつくるときは意外に簡単に意思決定し大工さんや工務店に任せてしまう。全く信じられない感じでもある。

家をつくるには各々に夢があり希望があり、イメージがあるはずである。イメージを言葉では十分に伝えられない。設計に反映するには雑誌を少なくとも数冊は購入し、イメージを整理する作業をする。そのことにより家族の思いや考え方が見えてくる。又多くの住まい方や発想、アイデアなどが参考になり多いに設計に役立つ。

スクラップブックにまとめる

住宅雑誌やカタログ、写真などを分類してスクラップに貼ることをお勧めする。外観、室内、色彩、材料、設備、照明、家具などを整理して各々にメッセージを書き入れ要望や希望を伝える。外観でも洋風、和風、和洋折衷と様々である。又構造にしても木造、鉄骨造、鉄筋コンクリート造、木造とコンクリートの組み合わせなど色々である。一つの写真の中でも全体のイメージが気に入ったり、或いは一部のデザインや材料などが気に入ったりするなど全てが気に入るようなことはなかなかないものだ。多くのイメージが伝わればより理想的な設計が可能になる。

家具調度品のリストづくり

間取りが出来てさあ着工となり工事が進む。その間は完成するまでが楽しみでわくわくする。住まいづくりで一番楽しい時かも知れない。そしていよいよ完成し引き渡しを受け引っ越すことになる。ところがここでいろいろな問題が発生することがしばしばある。それは今までの生活で使っていた家具や調度品の置場所である。以外と古い家具類の置き場所を間取り段階で検討していないことが多くある。その為に部屋からはみ出しどうしようもない状況が発生するのである。又、電気器具類はコンセントがなく使

希望&要望をスクラップブック

インターネット等でイメージ画像の収集

外観や部屋のイメージの写真

趣味、色彩、設備、家具など様々な要望をスクラップブックに貼り付けて設計者に伝える

えないことがある。
設計依頼する時に忘れてならないことが家具類の寸法を計ること、どの部屋に置くか、又見せるのか隠すのかをはっきり区別しておくことが重要なポイントとなる。

35　設計の進め方

情報を集める
任せるが命取り
雑誌などから情報を得る
スクラップブックにまとめる
家具調度品のリストづくり
新しいライフスタイルを見つける
将来の生活イメージをつくる
おさいふ

新しいライフスタイルを見つける

新居をつくる時にベースになるのが生まれてから現在に至るまでに住み慣れた住環境は一つの参考になることには間違いない。今住んでる住環境よりも快適で楽しい生活をしたいことは当然である。更には結婚して新居に住むとなるとこれまでの生活とは全く異なるので夢は大きく膨らむ。従ってこれまでのライフスタイルとは全く違ったものになる訳で最初から将来の生活スタイルまで考えておく必要がある。

将来の生活イメージをつくる

マイホームを持ちたい多くの人は２０代から３０代の結婚して子育てをする年代が最も多く、そのために子供室を何室設けるかで規模や予算などに大きく左右することが多い。しかし、子供たちが巣立った将来のことを意外に忘れてしまっていることが多々あるのではなかろうか。多くは子供室を個室化する傾向があるため将来において使われることのなくなった部屋をどうのような形で再利用するのかを考えていない。設計するときは、将来の使い方まで考えておくことをお勧めしたい。

将来の生活イメージをつくる

35 設計の進め方

おさいふ

建築予算を立てるとき土地代、建築費、設備費、設計料、外構、カーポート、庭、家具、カーテン、電化製品、諸経費など様々な経費が含まれている。

ここで本体工事費は予算化するが別途工事など具体的な金額を算定しないまま丼勘定で計画されるケースがある。収入の予定がない場合は何年後かに工事すればよいという安易な考え方をするようだが、借入金ギリギリに計画すると予期しない追加工事が発生したりあるいは予定外の出費が発生したりして生活を圧迫する様なことになり兼ねないのである。

将来の予定も視野に入れて総合的な予算を立て面積を決め、仕上げや設備費などのグレードなど決めて少しゆとりある計画をする必要がある。工事費が増大する様な時はとりあえず庭は取りやめるとか、車庫は後で造ろうか、エアコンは最低限の部屋に止めようかなど様々な計画変更のできることを考えておく。

つまり、工事費が次第に膨らんでいく様なプラス予算ではなく当初から将来の夢までかなえる様な総合的な予算を作成して今回施工できる範囲はここまでという様なマイナスして工事費の計画を進めることをお勧めしたい。

安心した〜

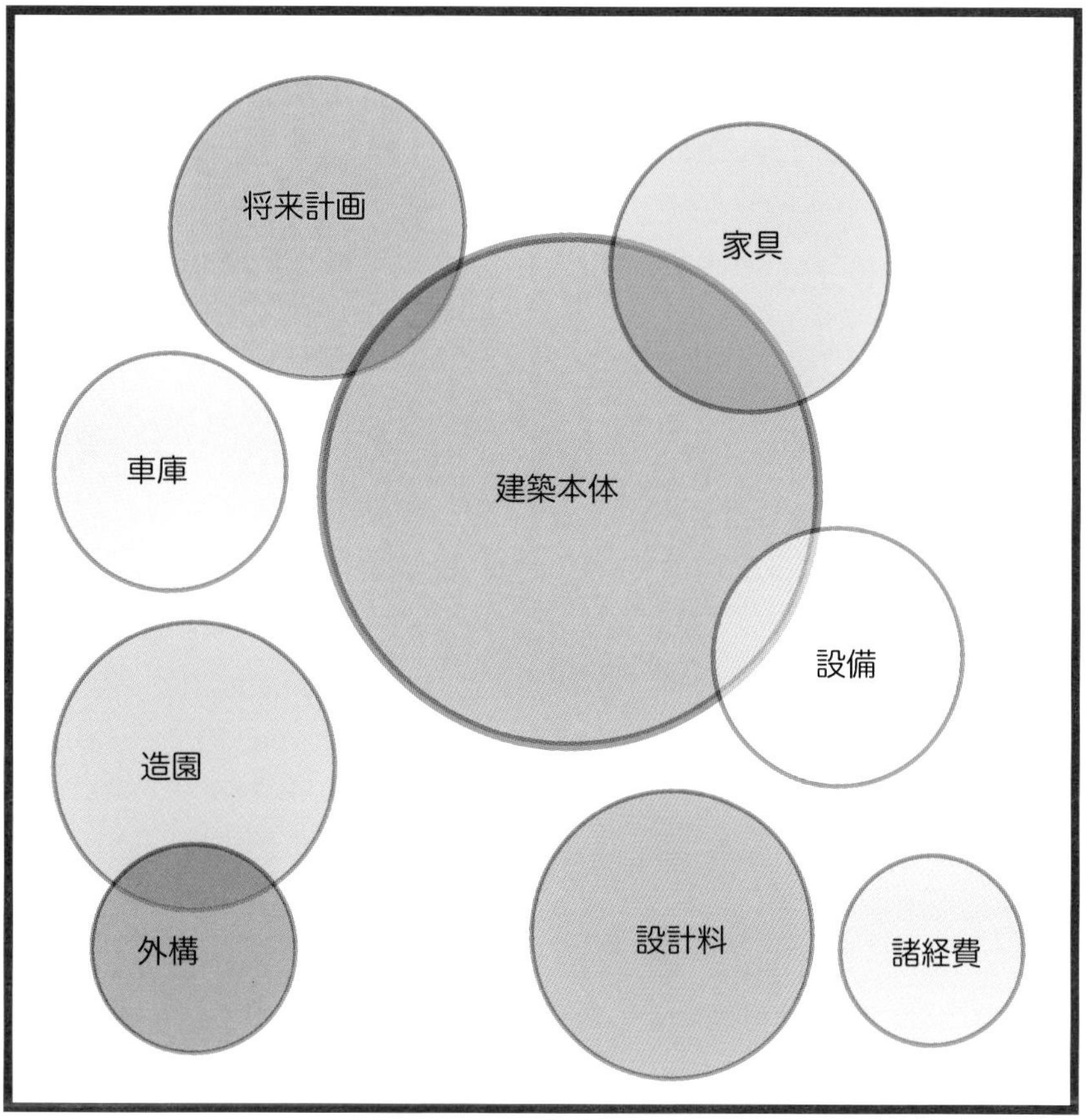
将来計画
家具
車庫
建築本体
設備
造園
外構
設計料
諸経費

第九章
仕事の流儀

036　形を育む心

レモンとは?
五大要素
成長する住まい
文化をつくる
ランドスケープ
居心地の良い空間
木造の魅力
透かす
伝える
つなぐ
アプローチ
ゆったりと
風通し
明かり
おもてなし
回遊性
柱を活かす
手づくり

階段を魅せる
アメニティ空間
写真に残す
環境が人をつくる

ツツジ

第九章　仕事の流儀

36 形を育む心

レモンとは?

一味違う住まいづくり

何気なく料理に添えられているレモン!ほんの一滴落とすだけで一味変わるレモンに魅せられてレモン設計室は生まれた。決して『主役にならず脇役として料理を引き立てる』と言った意味がある。音楽、芸術、生け花、料理などそれぞれに独創的で個性に満ちたアイデア、技術、創造性などのプロの技がそこにはある。

住まいづくりもプロの技によって、より魅力的な住まいができるのです。

これまでに多くの建築作品づくりを行ってきましたが、今後も気候風土に根ざした豊かな空間づくりと快適な生活ができるような住まいづくりに挑戦し続けて行きたいと思っています。

何故レモンなのか？

　事務所の名称をつけるとき多くは自分の名前や専門用語、地域名などを参考に付けられることが多い。しかしレモンはどれにも当たらない。名前から引用すると河野は「か行」になる。電話帳で「か行」は最も多い行になり探し出すには大変な労力を要する。その中で最も少ない行は「ラ行」であった。そして料理で使われているレモンが印象に残った。

　レモンは魚料理、サラダ、肉料理などで何気なく添えられているがレモンは主役ではなく料理を引き立てる脇役であったこと。しかも、レモンの果樹をほんの一滴たらすだけで料理が引き立ってくる。素人でも料理が作れる。しかし、味はどうでしょうか？一流の料理人がつくる料理とは全く美味しさが違う。

　建築の設計も同じようなことが言える。住宅の設計は素人でもできる。しかし、プロの設計する住宅は素人の設計とは全く異なってくる。

　このようにプロに頼むことで一流の味が楽しめるのです。建築設計においてもプロに頼むことで一味違う住宅ができる。

　主役はお客さんです。

私のモットーはお客さんの要望を引き出してより良い住まいを提供することを最も大切に考えている。

　レモン設計室と関わることで一味違う住まいをつくることができるのです。

彼岸花

36　形を育む心

五大要素

設計の五大要素

一　計画
二　意匠
三　構造
四　経済
五　哲学

設計をするにあたり右の五つを基本に考えて設計に取り組んでる。

これらの一つでも欠けてしまうと建築的な魅力が失われてしまう。またこのような考え方があることを知って頂くだけでも建築の隠された意義を分かって頂けるのではと思う。

フヨウ

第一　計画

配置計画から平面計画を十分検討して計画する。この計画ができれば設計のほぼ８０％はできたものと思う。計画が不十分であればどんな立派なデザインができても機能的に問題があり使いづらい建築になる。これではせっかくの建築も台無しになってしまう。

第二　意匠

デザインが良くなければつまらない建築になってしまう。デザインがどうでも良いという人はいないと思う。かっこ良い建築にしたいと思うのは当然だが、ただかっこいいだけではなく、色彩、日照、高さ、形、景観、環境など社会的なルールも守りながらデザインする必要がある。デザインは自分一人のものではない。社会と共有するものだから自分だけが良ければ良いでは済まされない。

従って、街並み景観まで配慮したデザインをすべきなのである。

第三　構造

どんな建築でも構造がある。木造、鉄骨、コンクリート、ブロック造など。それぞれに構造の特徴があり建築の大きさや形態、建築用途などで最も相応しい構造がある。その選定を間違うと構造的に無駄な建築となり費用的にも大きな負担となる。また、安全を確保するだけの構造ではなくその構造の特徴を活かし積極的に構造美を引き出すことも重要な設計の要素です。

第四　経済

計画が良く、デザインが良く、構造が良くてもデザインを優先して高級な材料や高級な設備投資で予算を大きくオーバーする結果となっては台無し。適正な工事費になるように経済的なことも考える必要があるのです。

第五　哲学

計画、意匠、構造、経済が満足できればこの状態で十分です。しかし、ここで哲学があるということは建築に魂を入れるということになる

のです。なぜこのような計画にしたのか、デザインなのか、構造なのか、あるいは社会性や文化など納得いくような説明があると更に付加価値が高まり多くの人に建築の意義が伝わっていくのです。

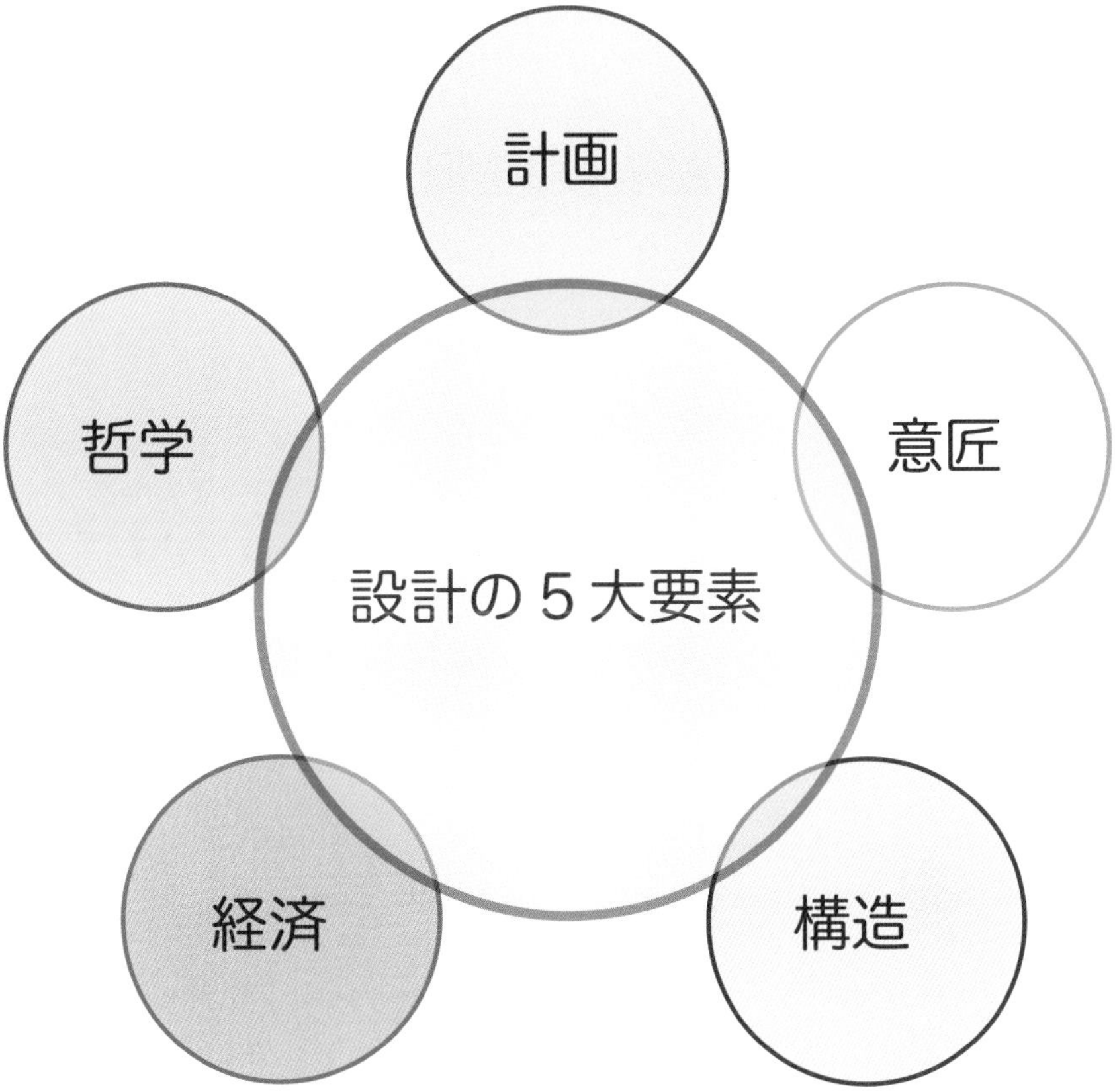

36 形を育む心

成長する住まい

完成時は８０％

住まいの完成は１００％は目指さないこと。なぜなら引越しを済ませるとこれまでの生活用品が住まいの中に持ち込まれてくる。例えば多くの電化製品、家具類、衣類、書籍など様々な生活用品が持ち込まれて家中が埋め尽くされてしまう。

要するに建築の完成を１００％として捉えると間違いなく部屋から溢れ出してしまいごちゃごちゃになってしまう。完成の時は殺風景で物足りないかもしれないがそれで十分。ただし、生活用品が入り込んでも溢れ出さないように設計の時点で十分に検討して行くことが大切です。

成長する住まいづくり

住まいが完成してからも家族は成長を続けますので当然ながら生活スタイルは変化して行く。特に子どものいる家庭では生まれてから保育園、小学校、中学校、高校と急激に成長を遂げる。親子で一緒に寝るところから始まり次第に独立した子供部屋になり、やがては独立して家から出ていくなど生活スタイルは大きく変化して行くものである。これらのことを考えた上で住まいの設計をしておく必要がある。特に子供室は壁で仕切り個室化することなくできるだけ建具などで仕切り将来はワンルームとしても使えるなど多様な使い方ができるようなプランとする。

将来の夢と計画

当初建てた時は経済的な理由である程度我慢しながら住宅を建てていることが多い。しかし、子供たちが巣立って夫婦の生活になったりすると再び残された夢を実現するために増改築を行ったり、あるいは庭作りや趣味を生かし様々な夢を実現する計画が始まる。

このような計画を進めるに当たってはやはり当初の計画の時にある程度、将来の夢まで見据えた話をして計画するようにする。

36 形を育む心

文化をつくる

文明と文化

野菜は文明、漬物は文化と実に分かり易い説明がある。つまり、キャベツという野菜は世界中どこにでもあり同じものであるがキャベツを加工して漬物にするとその家庭、地域、国でそれぞれの味になる。これこそがそこにしかない文化というもの。楽器においてもピアノは世界中どこでも同じピアノだがそこで演奏される音楽はそれぞれ異なる。文明の力で作られたものは世界中同じだが文化はそれぞれの国、地域、人により異なるので私たちはそこにしかない文化を大切にしたい。

住まいでいうと窓と壁に当てはめることが出来る。窓は世界中にあり形状やデザインが違っていても外気を取り入れ光や風を取り入れる機能を持っています。壁はどの家にもあるがそれぞれの家で絵や花、オブジェなど展示することで家の特徴が醸し出される。つまりそこに住んでいる人の生き方や考え方、趣味などで異なる。そこに住む人の文化になるのです。

是非、もう一度壁のあり方を見直してみませんか？心を表す壁として～

文化を感じる空間で心豊かな生活を！

タイマツバナ

野菜は文明

漬物は文化

壁は文化

壁にはそこに住む人の趣味や生活が展示される空間となりその家の文化を感じることができる

36　形を育む心

ランドスケープ

ランドスケープ

私たちの住む豊かな自然と歴史文化に包まれた環境は人工的に造れるものではない。その自然の中に人々は生活をするために住まいを造り、道路、橋を造り作物を造り、都市を造ってきた。しかし、経済重視のもとに自然を破壊するようなことも行われたことも事実であろう。日本においては高度経済成長の中では著しいものがあったのではなかろうか?

丁度、その時代に仕事をしてきた中で常にこのような建築づくりで良いものか?と自問自答しながら設計に携わってきたことも事実である。しかし、地方都市の環境の変化を肌で感じることで、やはり、個人の好みや欲望だけで建築を造って景観や環境を壊わして良いのだろうか?一つ一つの建築が造られていくことで都市が造られるということを考えると、気候風土に配慮した建築づくりが必要ではないかと考えます。

ここでランドスケープという言葉があります。土地や場所を表すランドと眺め景観という意味が合わさった言葉です。つまり、美しい景観や風景づくり、都市づくりなどを表します。建築づくりにおいて重要なことは一つの建築が街の景観や風景を造っていることを意識して設計する必要があるのです。

小さな住まいでも常に多くの人に観られることになり街の景観にも影響を与えていることを知っておかなければならない。住みたくなる街はどの国においても美しい街なのです。

カナダ　ビクトリア

延岡のアユヤナ
スケッチ　伊藤信繁

ドイツ　アールハイムの村

36　形を育む心

居心地の良い空間

居心地の良い空間とは

住まいは家族で長い時間を暮らす最も大切な空間である。従って仕事や学校などから帰って来ると食事や入浴、娯楽などの時間を家族で過ごす楽しい我が家になって欲しい。

人は楽しい時や癒される空間では時間の経過を忘れてしまうが居心地の悪い空間では時間を長く感じてしまい早くこの場所から逃げ出したくもなる。居心地の良い空間、悪い空間では一体何が違うのだろうか？

音楽、照明、明かり、透かす空間、香り、色彩、素材、陰影、吹抜、庭、絵画、料理、芸術、花、熱帯魚などに包まれた空間を取り入れてつくることで時間を忘れるくらい居心地の良い空間となるのです。

魅力ある美しいデザイン

美しいとは何か？

住まいをつくる心で説明したように美しさの基本形は植物や昆虫など自然界にある様々な動植物にある。植物の葉っぱ、カブトムシやカマキリなどの昆虫、あるいは魚や爬虫類の全てがシンメトリー（左右対称）となっていて骨格そのものが美しい形態をしている。一方、建築においても神社仏閣、宮殿、教会建築などそのほとんどがシンメトリーとなっており構造となる骨格が美しいフォルムとなっている。

木造建築では木造の骨格を活かしたデザインすることが本来の美しさの原点と考える。鉄骨造は鉄骨の魅力を引き出し、コンクリート造はコンクリートの魅力を引き出すような建築づくりを心がけている。オブラートで包み込んだ建築を造るのではなく、それぞれの構造の特徴を最大限に引き出し美しい建築を造ることに心がけて設計する。

ツルバキア

魅力あるデザイン

昆虫は羽根、足、動体、頭においても何一つ無駄のない部位で成り立ち美しい形となっている。建築も同様に骨格（構造）を表して形を作ることで美しい建築が表現できる。

覆われたハウス

犬や羊など毛で覆われた動物は骨格とは異なり毛並みの手入れで形が決まる。雨に濡れるとその形は見られたものではない。

建材で覆われた建築は構造が全て隠れてしまい骨格の美しさは失われる。

カブトムシ

プードル

36 形を育む心

木造の魅力

気候風土に適した木造

高温多湿で直射日光の強い地域、そして台風通り道となっている宮崎県としては杉を使った木造住宅が最も気候風土に適した建築であり成長する家づくりにおいては増改築が容易であり持続可能な建築と言える。

特に宮崎杉は構造材としても露出して使ったりつか材や壁材として使うことで魅力を醸し出す。特に構造美を表現することでハウスメーカーなどがつくる住まいと比べ遥かに魅力ある建築が造れるのです。

構造を活かした木造建築

コンクリート造、鉄骨造、ブロック造、木造など多くの構造がある中でも基本的に考える構造のあり方として素材を活かした建築をつくることに心がけている。コンクリートは打放しコンクリートの建築、鉄骨は鉄骨フレームを活かした建築、木構造を活かした建築などである。

つまり素材や骨格を活かすことで魅力的な空間をつくり出すことができる。その中でも木造建築は高温多湿の風土において調湿機能や木の温もりを感じるので人に優しい建築ではなかろうか。特に木構造の骨格を表した空間はダイナミックな空間が創出でき更に魅力が増す。

近年、柱の見えない住宅が増えている。せっかくの木造建築が全く活かせていないのは残念に思う。柱・梁を壁・天井で覆い隠すことなく見せる（魅せる）住まいづくりに木造建築の良さがあると思う。

鉄やコンクリートの肌は冷たくて硬く人を遠避けてしまう。しかし、木肌は温もりを感じ人に優しい素材である。木の色も暖かく癒されると共に居心地の良い空間を創り出してくれる。木造は人を幸せにしてくれる最高の素材である。

木造建築の魅力

柱・梁がつくり出す空間の美

ルピナス

36　形を育む心

透かす

ワクワクするように透かす

人は丸見えにされると防護本能が働き不安になり落ち着きがなくなる。そのために何かで隠そうとする行動が起きる。その方法としてカーテンやブラインド、すだれなどでプライバシーを守ろうとする。しかし、完全に見えなくなっている訳ではない。透けて見えているのに何故か安心感が生まれ落ちついた状態になる。

透かす方法としては障子やすりガラスなど柔らかい光は通すが視覚は遮る。格子などは透けて見えるが丸見えにはならない。しかし、音や匂いは通す。このように透かすとは目的によってコントロールすることができる。

竹格子で透かす

壁で仕切ると全く見えなくなる。また光も遮られ音や匂いも遮られてしまう。その結果隣同士の部屋が遮断され孤立してしまう。

しかし、竹や木の格子などで透かしながら仕切ると隣同士の部屋の空間がつながる。光や音、匂い、風は通り豊かな空間が広がる。さらに部屋同士が曖昧につながることで広く感じ解放的な空間となる。透かした空間は遮断された空間とは異なり何かしら魅力的な空間となり引き込まれる空間となる。

木格子で透かす

格子

すだれや格子には見え隠れする魅力がある

36　形を育む心

伝える

サルスベリ

プレゼンテーションに工夫

一般的に図面だけではデザインや空間のイメージを伝えることは不可能に近い。見えないものをいかにわかりやすく伝えるにはスケッチ、完成予想図、ＣＧ、模型、見本など様々なプレゼンテーションを行う必要がある。それでも最終の空間イメージを伝えることは難しい。さらには現場で具体的な空間イメージを体験しながら説明することも大切なプレゼンになる。

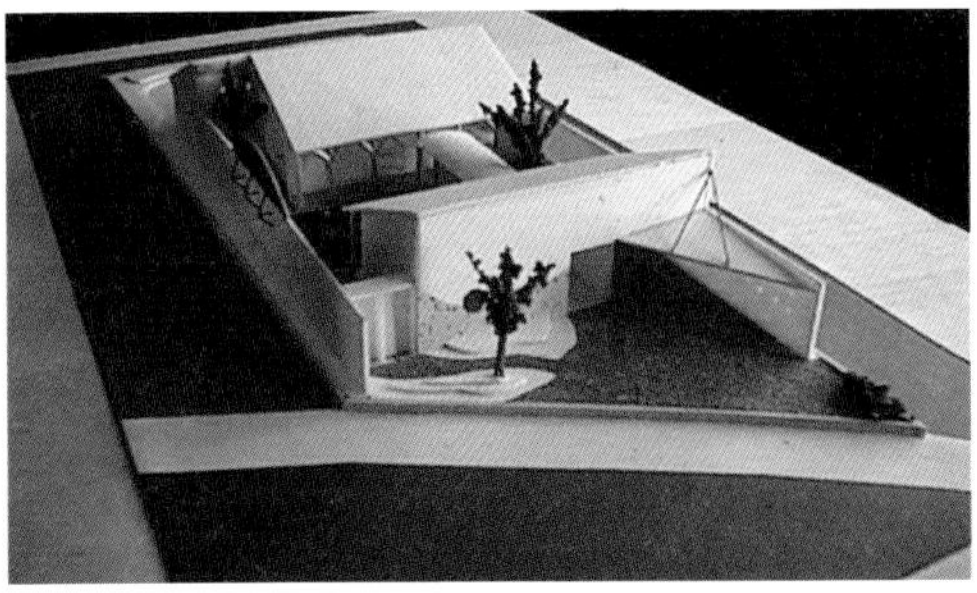

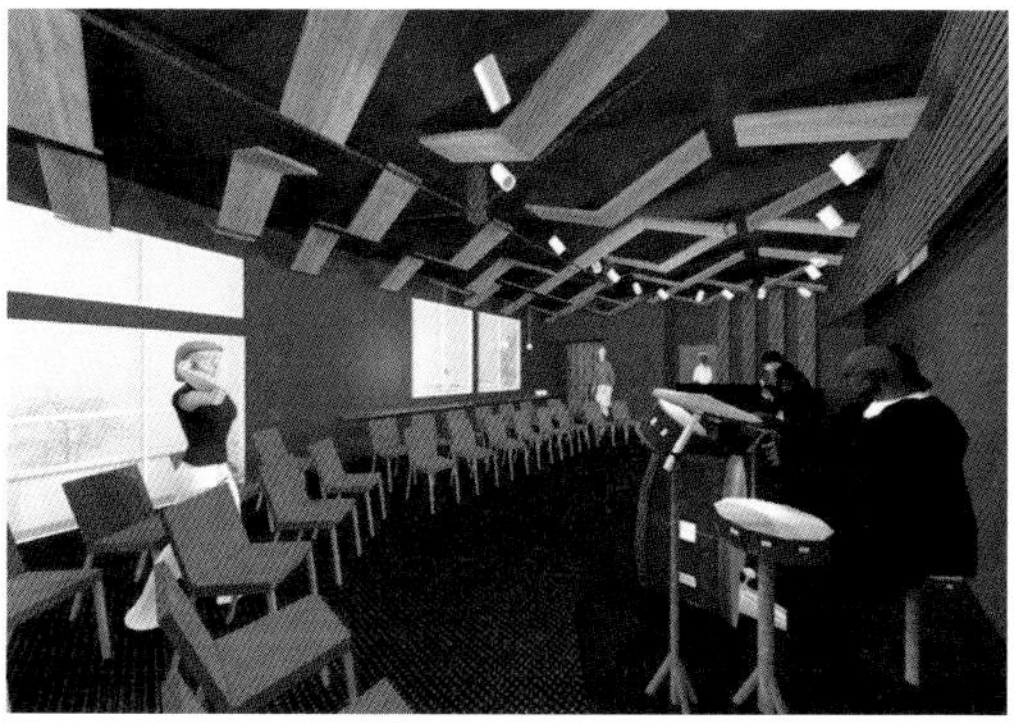
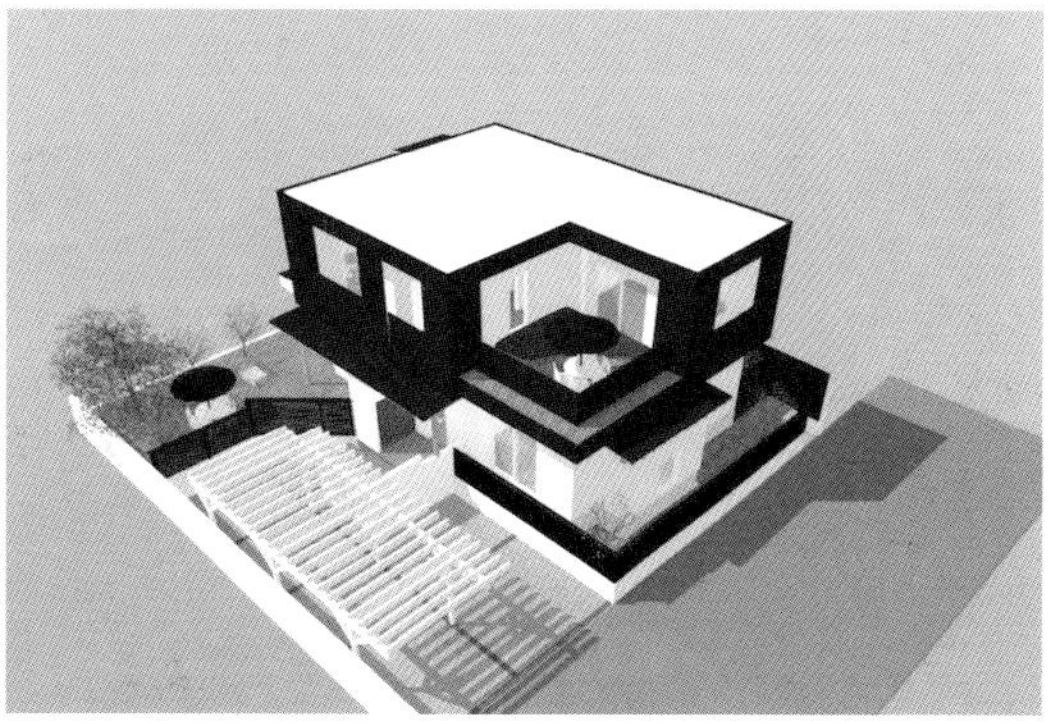

イメージCG　&　模型で伝える

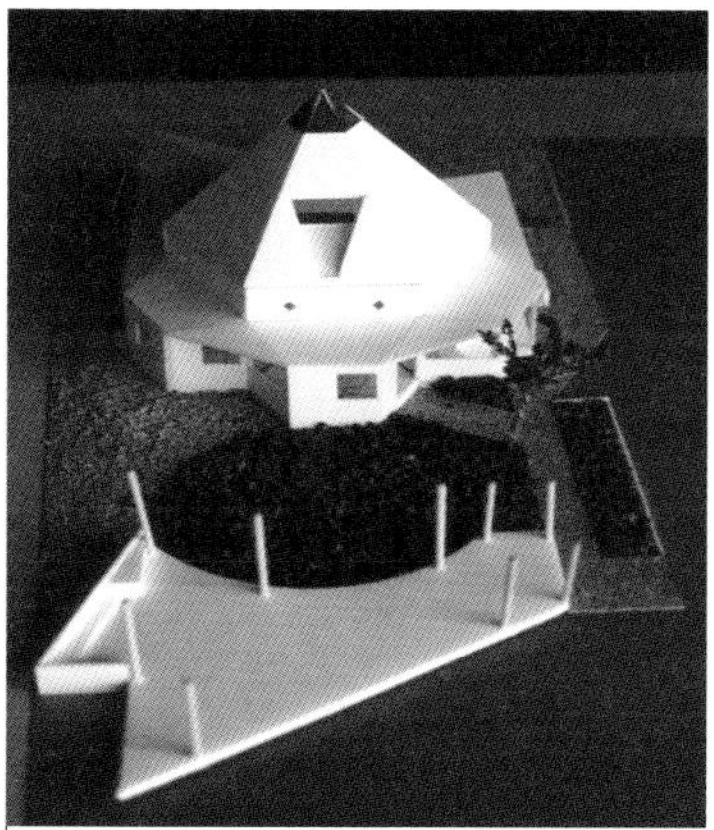

36　形を育む心

つなぐ

空間をつなぐ

「つなぐ」という意味にはものともの、人と人、部屋と部屋、内と外、床と壁、壁と天井、窓と壁、建物と地盤など様々。これらの「つなぐ」接点には何らかの材料であったり装置であったりする接着剤に相当する。その意味では主役ではない「つなぐ」縁は大変重要な役割を持つ。その接着剤の役割をなす縁を大切にしてあらゆる空間を創作している。縁は主役ではないので目立たずそして主役を引き立てるように考える。

壁と天井をつなぐ廻縁は和室の場合、壁の塗り壁と杉板の天井をつなぐ部材である。通常、杉の柱、杉の天井に合わせて杉の廻縁となってうまく溶け込んでいる和室の伝統的な手法である。洋室で良く見かける廻縁にはがっかりすることがある。壁天井がビニールクロス張りでプラスチック製の廻縁が取り付けられている。更には壁紙との色彩がアンバラスで廻縁だけがこと更に目立っている事例が多い。縁はつなぐ役割なのだがこれでは縁を切っていることになる。

良い仕事とはつなぐ場所を見ればわかると言われる。私は縁は目立たず主役を引き立てることを基本とした設計を心掛ている。

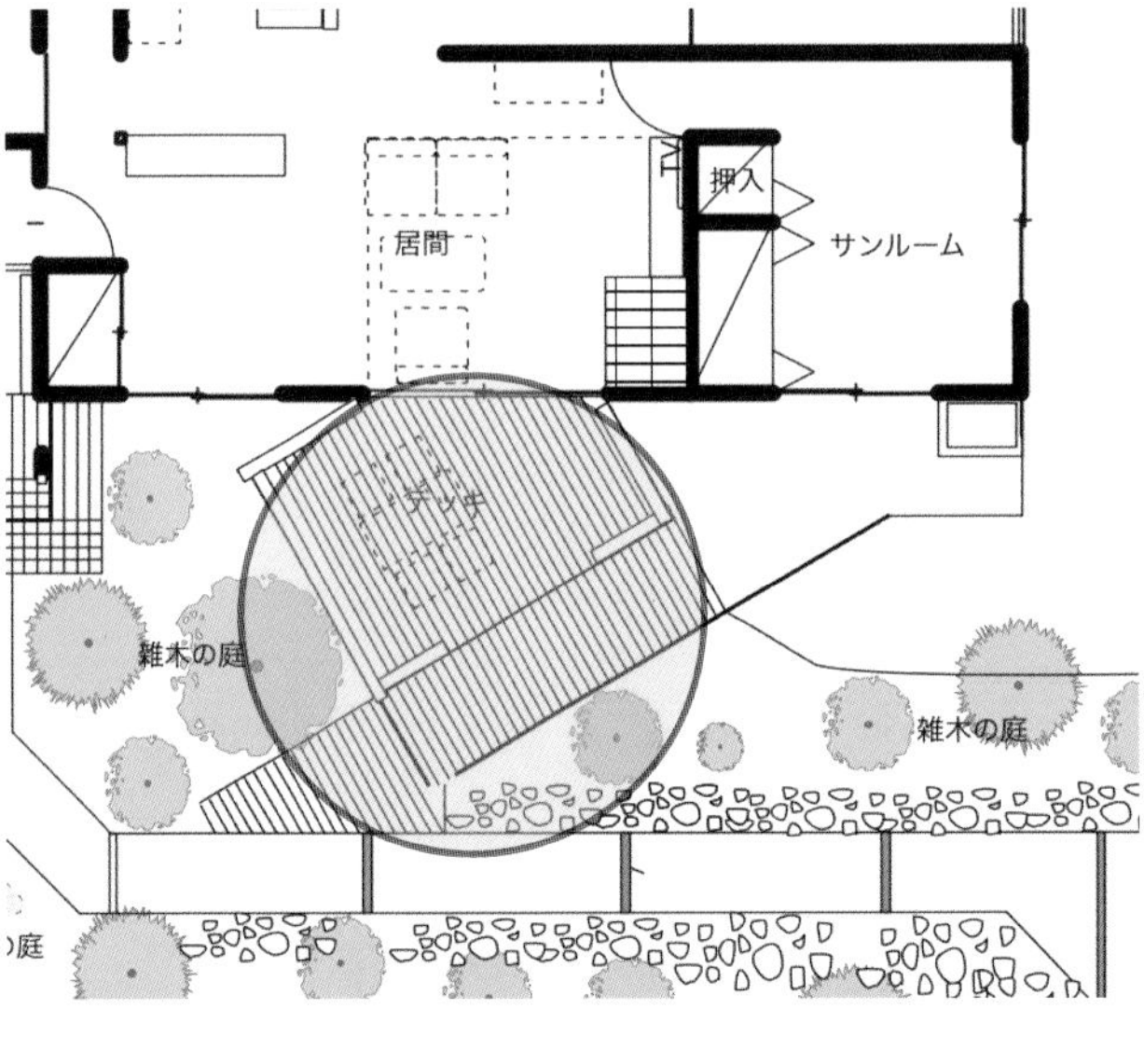

内部空間と外部空間をつなぐ

空間をつなぐことは家族をつなぐこと。
つながれた家族の中で子どもは安心感を持つことができるのではなかろうか。

格子で階段と玄関をつなぐ

家と庭をつなぐデッキ

36　形を育む心

アプローチ

アプローチは楽しく

道路から玄関までのアプローチの良し悪しで住まいの魅力が変わる。玄関までのアプローチは最初に目に入る住まいのイメージである。玄関までの動線と視線の誘導でおしゃれで機能的なアプローチを造るためには玄関が丸見えにならないような工夫と安全性も考える必要がある。少し蛇行させると柔らかな雰囲気が造れる。

住宅のデザインに合わせた路地的な道にして楽しくそして魅力的に設ることで玄関までのアプローチが魅力的になる。また夜の照明も癒しの空間としてあるいは防犯上においても大切な要因と言える。

36 形を育む心

ゆったりと〜

入浴は温泉気分で寛ぐ

浴室は一日の疲れをとる最もリラックスした時間であろう。湯船にゆったりとつかりのんびりと寛げる空間です。壁に囲まれ外の景色も楽しめない浴室が一般的に多いのではなかろうか。本来ならば窓を大きく設け外の景色や庭を楽しみたいところだが開放すると隣から見えてしまいプライバシーの面で問題になる。

それらを解決する方法として外部に目隠しの塀を設けたり格子で隠したり樹木で隠したりするための中庭を設けたりする方法がある。どちらを選ぶにしろ窓の高さは湯船から外が見えるように低い位置にする必要がある。

センリョウ

浴室から庭の眺め

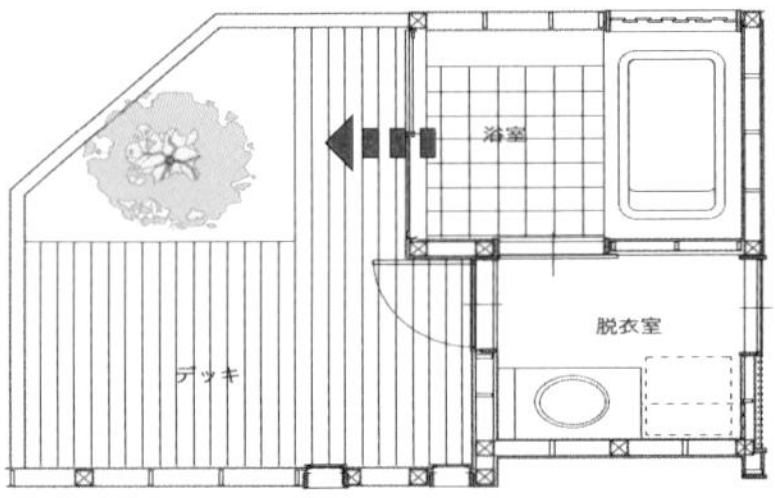

左　中庭と一体となった解放的な浴室

無双窓で換気

浴室で注意することは湯気の換気である。引き違い窓であれば半分開放できますが空気の入口と出口が一緒になるから換気効果は半減するであろう。換気は入口と出口があって初めて効果がある。冷たい空気は下から入り暖かい空気は上から出て行くのでより良い換気の方法としては上下に窓があることが望ましい。

昔から用いられている無双窓は下窓から給気給気して上から換気する実に理にかなった換気である。スライドさせることで開け閉めができる。

入浴後に解放したままにしておけば浴室内は自然に換気できカビの発生を防ぐ効果がある。

湯気の行方は？

ユニットバスは掃除が簡単でおしゃれなデザインが多く機能性などにも優れているため近年では急速に普及してきている。しかし、温泉気分や癒しを求めるならば少し味気ないかも知れない。

さて、どちらを採用するのか？一度ゆっくり考えてみてはどうだろうか！

36　形を育む心

風通し

風の通り道をつくる

風はいろんな方向から吹く。入り口と出口を平面的、立体的にいろんな方向に流れる通り道を設けることで快適な環境がつくれる。

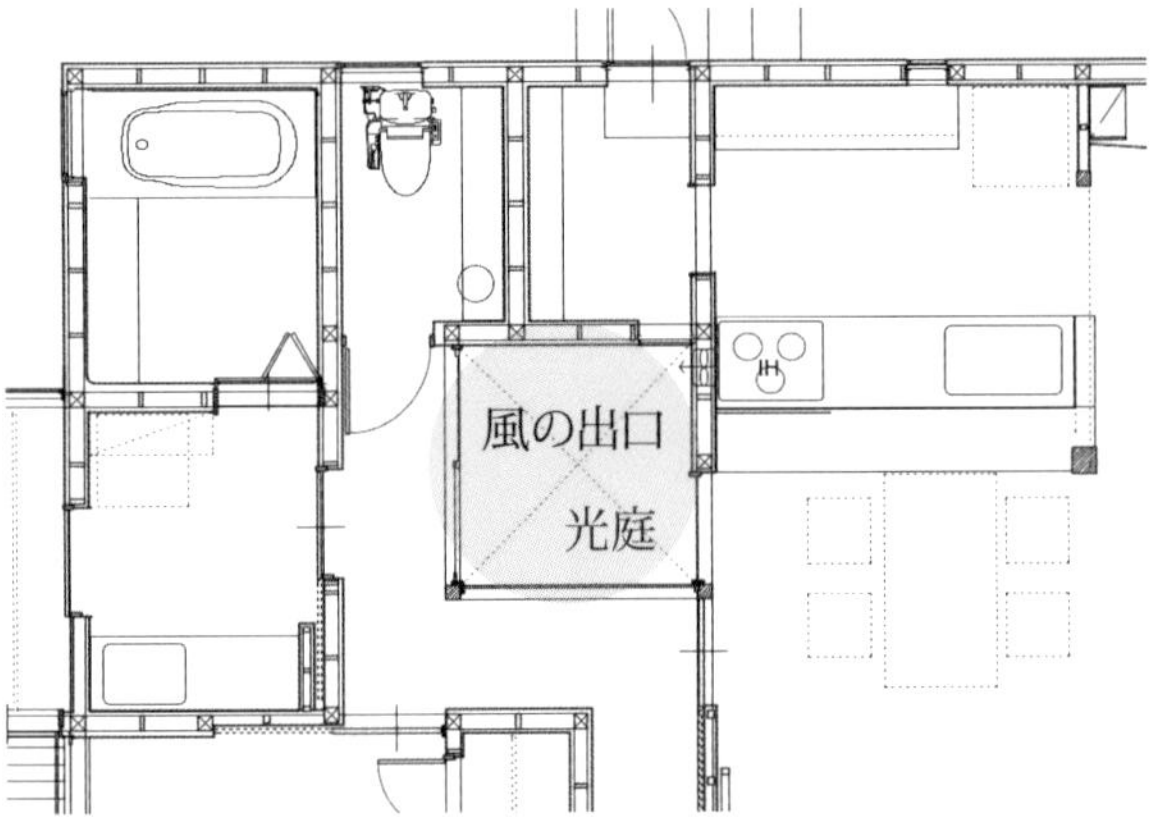

光庭の効果

わずか１坪の中庭を設けることで明るい空間となりまた窓を開けること　で煙突効果で風が引き込まれとても涼しい空間となっている。

ルーバーガラスの効果

常時解放でき空気の流れをつくるルーバーガラス。突然の雨でも閉めなくても風通しができる優れもの。高気密・高断熱が進めれているが本来、自然の力を利用して快適な生活ができることがエコにつながるのです。

立体的に風を通す

階段の踊り場に設けた引き違い障子で１階から２階まで風の通り道をつくり室内の空気を動かすことで涼しくなる

地窓で風通し

押入の下に窓を設け和室の風を通す。通常和室は畳の上で座ったりあるいは寝転んで生活することが多い。窓が上部にあると風は上を通り抜けるので人に風が当たることがなく蒸し暑い部屋となる。窓が下にあることで畳の上を風が通り抜け昼寝など涼しい風があたり快適である。

36 形を育む心
明かり

自然光の明かり
照明の明かり
照明の色

トップライトの明かり

キッチン空間のトップライト

足元を照らす照明

床の間の照明

自然光の明かり

明かりは照度を確保するだけでなく明るさ暗さの世界を楽しむ。またあかりには照明器具や自然光がある。それぞれの明かりをうまく取り入れ豊な空間を創出することで魅力的な住まいづくりができる。

照明の明かり

明かりは照度を確保するだけでなく明るさ暗さの世界を楽しむ。またあかりには照明器具や自然光がある。それぞれの明かりをうまく取り入れ豊な空間を創出することで魅力的な住まいづくりができる。

照明の色

照明器具には蛍光灯、白熱灯、ハロゲン球、クリプクトン球、ビーム球、LED球、ネオン灯など多種多様のランプがある。ランプにはそれぞれの特徴や色温度があるので利用用途により使い分ける必要がある。一般的に使われている蛍光灯では昼光色、昼白色、電球色があり、最近主流になっているLED照明には昼光色、昼白色、温白色、電球色があるので使用目的によりそれぞれの特徴を十分検討した上で採用する必要があります。

日本人はこれまでに昼白色の蛍光灯の中で育ってきた過去があるので、昼白色の照明を疑うことなく利用されていることも多い。その背景には電気工事店が必然的に昼白色を使用してきたことも影響しているのかも知れない。

部屋の雰囲気をつくるのはデザインや家具、小物ではなく照明の影響が最も大きいと言えます。

住宅においてはできるだけ温色系を使うことをお勧めします。そして気持ちが安らぐ暖かで心地よい空間を醸し出して欲しい。

床の間の壁面にダウンライトの照明
おしゃれになった和室の空間

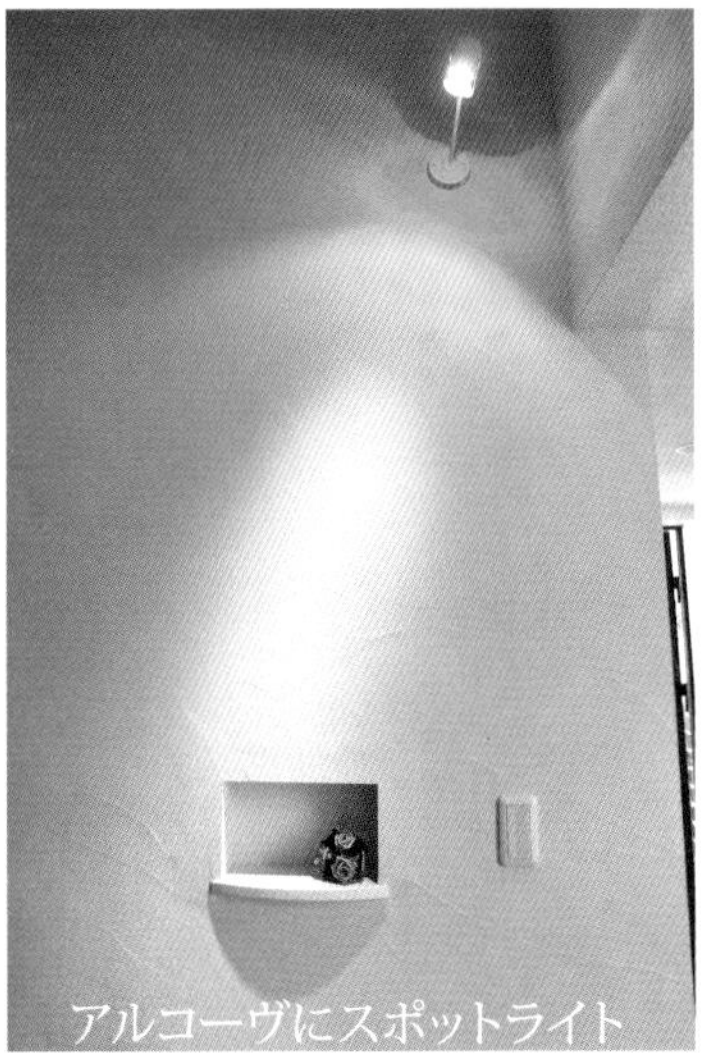

アルコーヴにスポットライト

自然光の明かりと演出された夜の照明の明かりの中で
子どもたちは何を感じることでしょう！

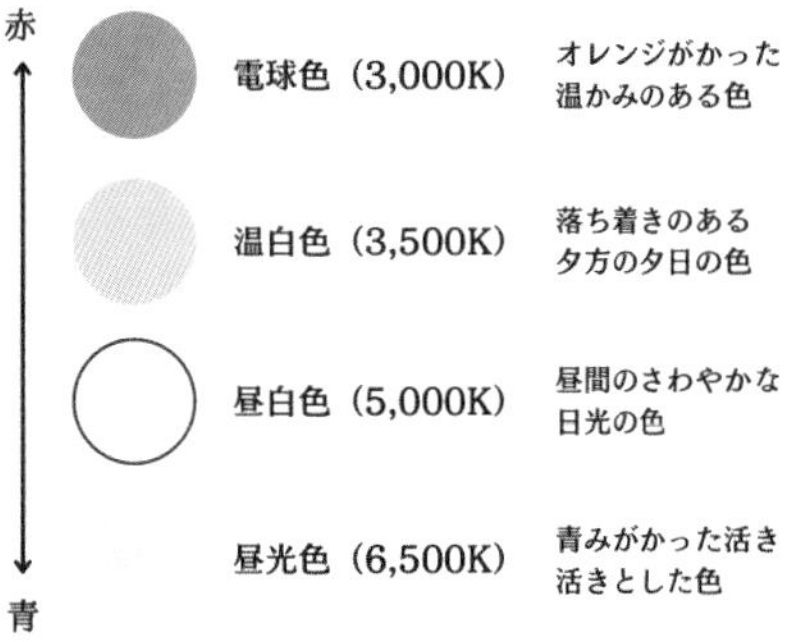

電球色（3,000K）	オレンジがかった温かみのある色
温白色（3,500K）	落ち着きのある夕方の夕日の色
昼白色（5,000K）	昼間のさわやかな日光の色
昼光色（6,500K）	青みがかった活き活きとした色

エネプラ.com　より

36　形を育む心

おもてなし

訪問者への心遣い

玄関は多くの訪問者が足を踏み入れるところである。子どもたちは学校へ、あるいは主人は仕事場へと出かけそして夕方には帰宅するなど家族が毎日のように出入りする場であり、それぞれが我が家に帰ってきてほっとする場でもある。

その場を暖かくお迎えできるようにおもてなしの空間として設ることでは大変大事なところで、飾り棚を設けたり壁に絵を飾ったりあるいは花を飾るなどおもてなしの空間としている。

更に玄関には宅配者や来客者など不特定の人がくる場所でもある。立ち話ではなく腰掛けて応対ができるような空間を設けることも大変便利な空間と言える。

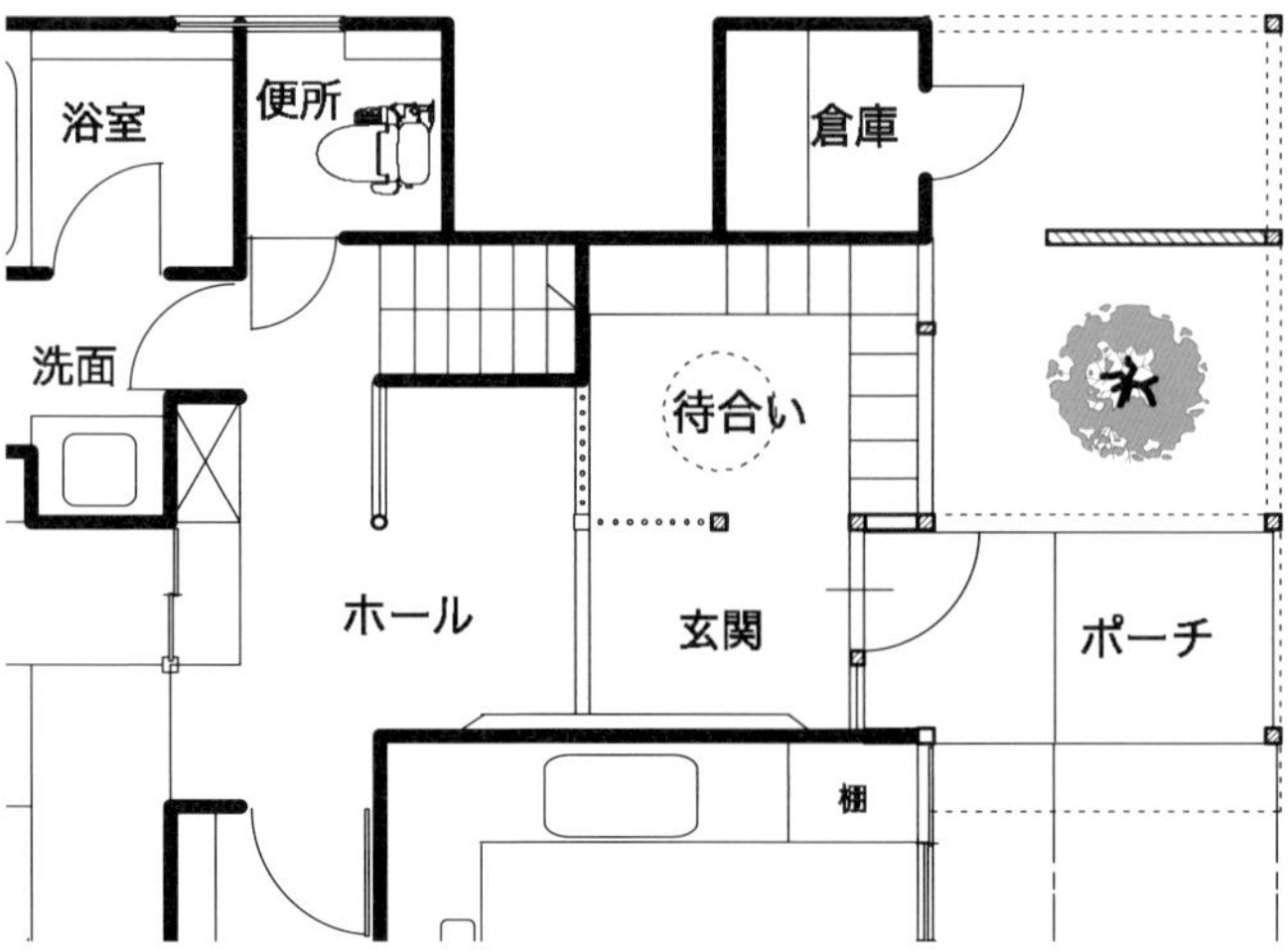

待合室のある空間

36　形を育む心

おもてなし

靴箱の配置でおもてなし

日本の住宅では玄関で靴を脱いで上がる習慣が根付いている。当然、玄関には靴箱が設置されていてそこに靴を入れる。靴箱を置く位置はと言うと、ほとんどが玄関土間の床の上に置かれていることが多い。ところがこのような配置の場合、靴箱に入れる時に、必ず別な履物に履き替えるか、あるいは簀の子みたいな素足で上がれる床が必要となってくる。当然のごとく置かれている靴箱の使い勝手は意外にも不便な使い方になっている。

また、外出する時にも別な履物を使い、靴箱を開き、外出用の履物を探さなければならないなど、要するに履物の出し入れが面倒な配置なっている。そのためか、玄関には整理できない靴が溢れ出して、常に片付かない玄関となってしまう。皆さん、このような玄関を目にした事に心当たりはないだろうか？

ここで、玄関の靴箱の配置をちょっと考えてみよう。土間から玄関ホールに移すとどうだろう。靴を脱いだらその靴を持ってホールの靴箱へスムーズに収納できる。また、外出の時にも靴箱を開き、ゆっくりと探し靴を出す事ができる。このようにちょっと置く場所を変えるだけで随分と使い勝手が良くなる。固定観念に囚われず、使い勝手を考えて見てはどうだろうか。また、ホールに設置することで靴箱に飾り棚としての機能も持たせることが出来るのである。

靴はきちんと並べましょう！

靴は靴箱に入れましょう！

子どもたちへの声かけです

靴箱はどこに置くのか？

キャベツ

玄関ホールに置いた靴箱

36　形を育む心

回遊性

回遊性で楽しさ増大

平面計画で大切にしていることの一つにそれぞれの部屋が孤立することなく行き来でき、部屋全体を回遊できるようにする。

人は行き止まりや暗い部屋には少し躊躇することがある。そうなると部屋から遠ざかり使うことは減ってくる。結果的には掃除をしなくなったり開かずの間になってしまう。

また、個室化された部屋は狭く感じたり使いづらい部屋となることが多い。

楽しい住まいにするにはそれぞれの部屋が楽しくありたいものです。いろんな部屋を行き来することで快適な生活ができるよう回遊性と迷路性を持たせることが住まいづくりにおいて大切なことだと考える。また、部屋同士が見え隠れしながらつながることで狭い部屋でも広々と使うことができ魅力ある空間ができる。

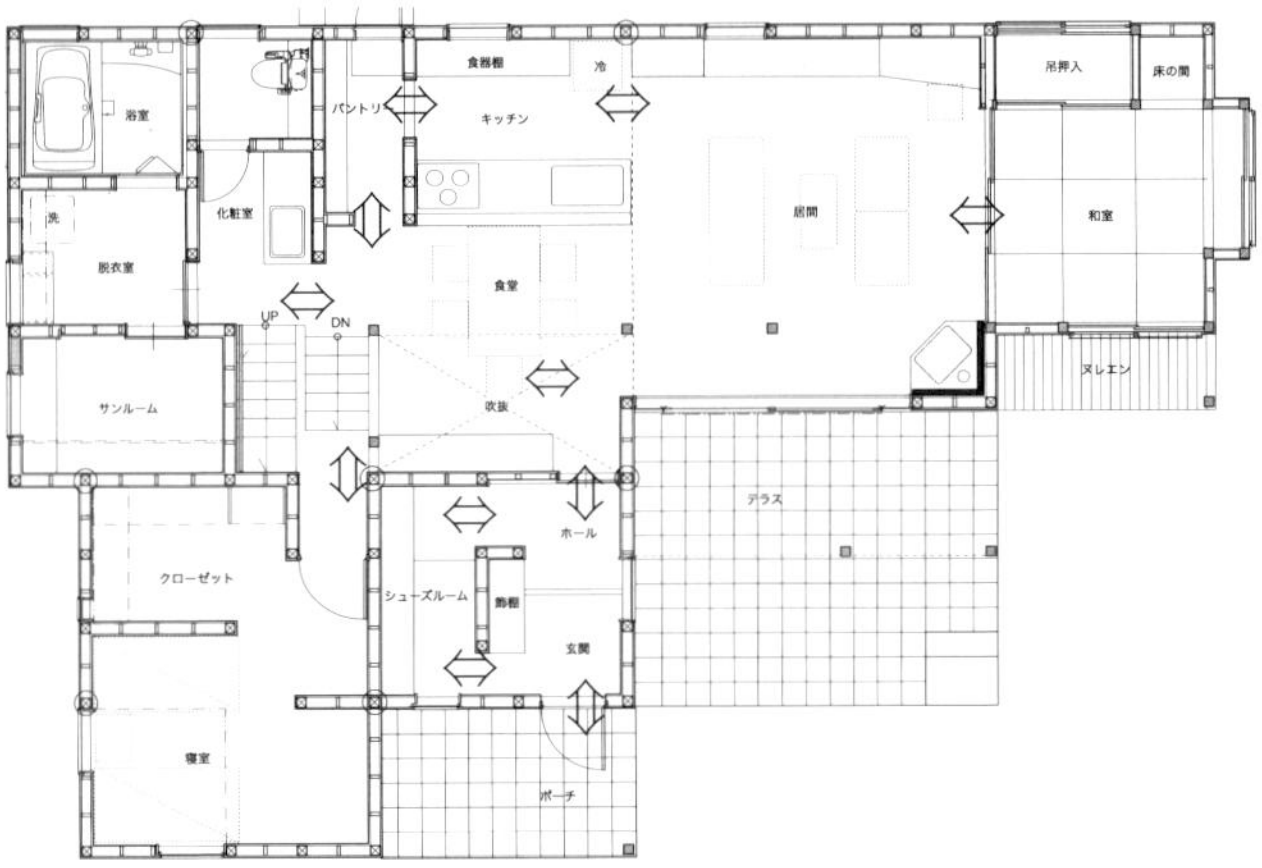

回遊性のある家で風と子どもが鬼ごっこ！

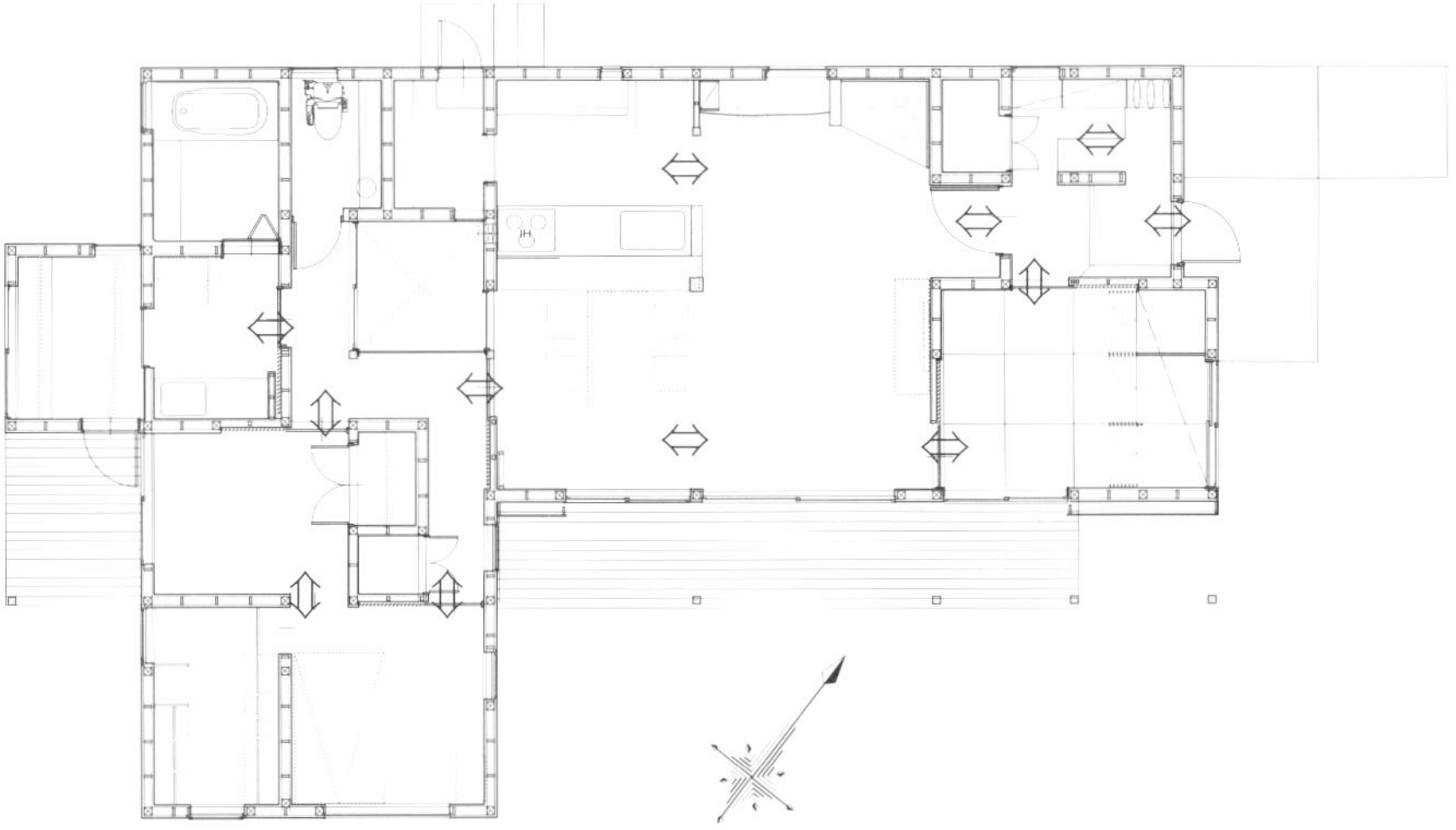

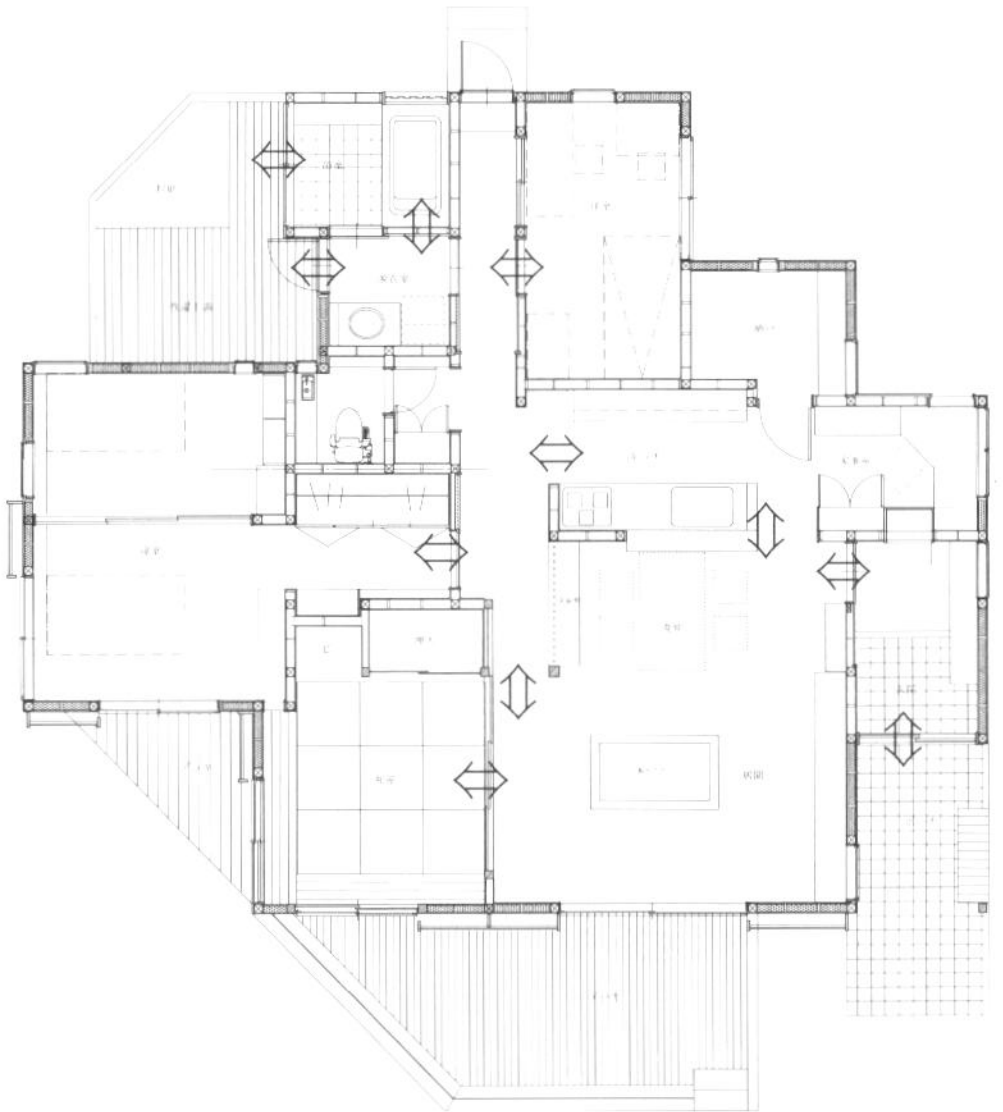

モミジ

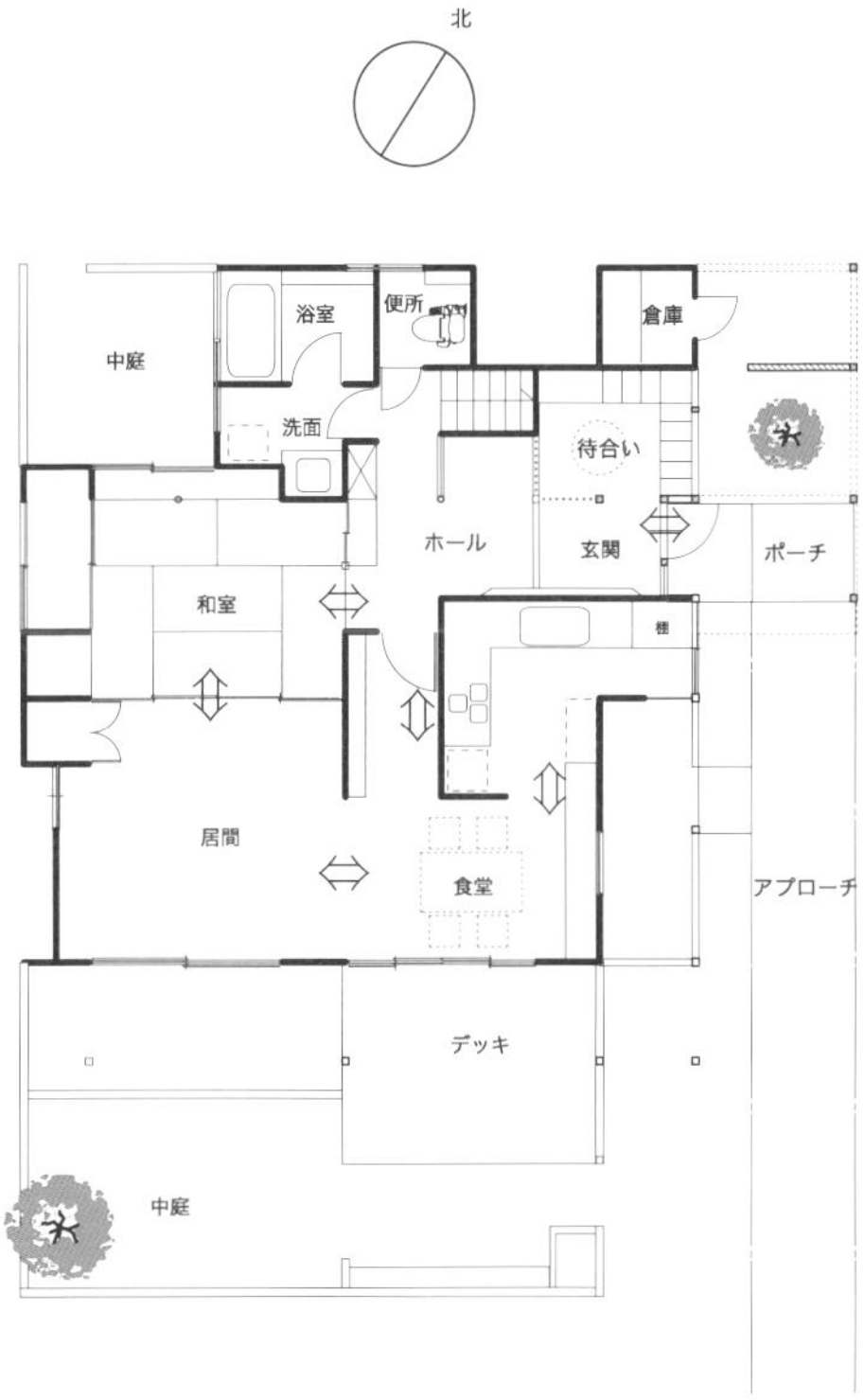

36　形を育む心

柱を活かす

柱の存在が生涯の想い出づくり

住まいから柱が消える？日本建築の特徴はそれぞれ部屋に柱が見えたものだ。田の字形の平面図ではふすま、障子で仕切られていたのでその交点には柱が存在していた。しかし、和室から洋間への生活が主流になってきた今、いつの間にか柱は囲われてしまい見えなくなってきた。木造建築の魅力は柱の存在があって木造らしさが表現できる。大黒柱という存在が生まれたのも柱が見えていたからなのです。柱には子供の成長記録が刻まれ、また、家族の様々な思いなどが刻み込まれるなど大切にされてきたのである。

平面計画にあたり柱の存在を感じるよう独立させた柱を配置。このことで部屋の中で一層、存在感のある柱となっている。また独立した柱は部屋に奥行きを感じさせ広々とした空間となる。更に部屋の中でも重要な位置づけとなり木造建築の魅力を創出することができる。

リノベーション

家族にとって
想い出いっぱいの
残された大切な　柱

家族の思いが刻み込まれた柱は
いつまでも子どたちの成長を見守ってくれるでしょう！

柱

36　形を育む心

手づくり

地産地消に貢献

地産地消で手づくり家具

近年はメーカーで制作された家具や建具がありデザインや種類も豊富に用意されていてオーダーで家具や建具を制作する仕事が減ってきている。確かに短期間で施工ができわざわざデザインする必要もない。しかし寸法的なことや形状など細かな点では解決できない問題もあるのです。多くの人が同じものを買い求めるため個性的で独自性のあるものはなくなる。

一方、職人の後継者育成や地域の経済活性化について考えるとマイナスになる。工事に支払う費用のほとんどは市外、県外に流出してしまい経済効果は減少します。従って、地域の仕事は激減し建築界の働く場も失われる。

空間に合った使いやすい手づくりの家具をつくることは地元の材料を消費すると共に働く場を提供することにつながることで地産地消に貢献できた。

彼岸花

自然素材を使った手づくりの家具

36　形を育む心

階段を魅せる

軽快で楽しい階段

階段は魅力的な空間

階段は楽しい上下の移動空間。住まいの中で唯一の上下の移動空間が楽しめる場でもある。この階段がきつくて上がりにくいようでは二階へ上がるのがおっくうになる。また危険な階段となり一階と二階が分断される住みにくい住宅となってしまう。

階段の構造も木材だけではなく鋼材など使い軽快な空間とすることでおしゃれで気持ち良い階段ができる。思い切った発想で魅力的な階段に挑戦することも楽しい。

ダリア

子どもたちにとって階段は冒険心をくすぐる空間。安全な階段で安心して冒険させたい場所。

36 形を育む心

アメニティ空間

トイレ空間はオシャレに！

トイレは家族が毎日何回も利用するところなので仕上げ材や照明に配慮した清潔感のあるオシャレな空間づくりに心がける。光と影が織りなす心地よい空間としたい。

個性的でオシャレな化粧室！

近年ではオシャレな洗面化粧台が多く販売されているので多くの住宅に採用されている。掃除がしやすく清潔感があるため普及している。一方、自然素材やタイル、石などを使ったアンティークな化粧台など個性的な化粧室にする人も多い。人それぞれの好みがあるのでどちらを選択するかは自由である。しかし、化粧室は心地よい快適な空間としたいのです。

36　形を育む心

写真に残す

自分で撮る建築写真

写真は住まいの記念撮影

住宅が完成すると必ず完成写真を自ら撮影する。工務店や建設会社などでは工事記録の写真は撮っているが完成した住宅の写真は意外に撮っていないかも知れない。実際、建築主はその住宅にずっと住む訳なので写真の必要性はあまり感じていないのかも知れない。しかし、人は生まれた時や入学、卒業、成人式、結婚式など記念に写真を撮ると思う。これらの写真は将来に思い出として家族に深く残る。住宅もその意味では生涯において大切な節目の事業なので是非とも新築時の姿をしっかり残して貰いたい。

私は設計を始めた２０代の頃から完成写真は撮り続けてきた。当時はネガフイルムやポジフイルムを使っていたが、現在ではデジタルカメラとなってきたので現場ですぐに確認でき撮り直しが簡単にできる。しかし、以前は現像するまで撮れているかどう分からなかったので、失敗と分かっても引っ越しているので竣工当時の姿は撮ることが不可能となる。

現在ではカメラ、レンズも一段と高性能になりかなり画質の良い写真が撮れるようになった。

モクレン

36
形を育む心
写真に残す
執筆者が撮る建築写真

36 形を育む心

環境が人をつくる

人は住まいをつくり
住まいはそこに住む
人をつくる

衣食住の中で最も高い買い物は「住」であろう。誰もが生涯においてマイホームを持ちたいと言う夢を持っていると思う。しかし、簡単には手に入れることができないため人生最大の買い物となってしまうのです。

住まいと言う環境ができるとほとんどの人が一生涯そこに住むことになります。住まいという空間はそこに住む人に大きな影響を与え続けるのです。これまでに住まいの考え方やあり方を書きました。その大切さなどある程度理解して頂けたのではないでしょうか。

間違った住まいづくりをしてしまうと考え方や常識までもが変わってしまうのではないでしょうか。つまり、住まいはそこに住む人をつくるのです。

環境が人をつくる

環境というキーワードは森林や海、山、川などの自然環境に代表されるような地球環境についてが主流となっているかも知れない。しかし環境を語るとなるとそれ以外の多くのジャンルに広がる。

例えば、人、家族、職場、都市、地域、気候風土、社会、教育、政治、文化、言葉、宗教、人種、民族など数多くの環境が存在し、人はそれぞれの環境に置かれ生活しているのです。従って置かれている環境によって常識や考え方、生き方などが変わってきます。

粗悪な環境と良い環境とでは必然的にその影響が出るのは当然でしょう。

「環境が人をつくる」

より良い環境づくりを目標に、できるところから取り組んでいきましょう!

ドイツ　ワイマール

第十章　建築作品紹介

住宅作品

洗足の家（東京都）

自邸（串間市）

志布志の家（志布志市）

K 邸（串間市）

光庭のある家（串間市）

M 邸（東串良町）

小松台の家（宮崎市）

Y 邸（串間市）

パティオのある家（串間市）

平和台の家（宮崎市）

T 邸（串間市）

三股の家（三股町）

加治木の家（加治木町）

T 庭（財部町）

国分の家（霧島市）

M 邸（串間市）

佐土原の家（宮崎市）

一般建築作品

開田の里　日時計（志布志市）

開田の里　野外ステージ（志布志市）

健康ランド蓬の郷（志布志市）

大束小学校（串間市）

くしま温泉いこいの里（串間市）

JA 都城荒茶工場（都城市）

しぶし地域交流館（志布志市）

しぶし幼稚園ジャズホール

串間商工会館（串間市）

農村改善センター（串間市）

堀口荒茶工場（志布志市）

北郷足湯（日南市）

福祉施設作品

あがた幼稚園きらり館

あがた幼稚園ニルスの館

七つの星幼稚園交流館（宮崎市）

あがた幼稚園きらり館

西都ふたば幼稚園（西都市）

太陽の子幼稚園（鹿児島県）

あがた幼稚園ポッポの家

あがた幼稚園エレンの館（日南市）

安楽保育園学童（志布志市）

あがた幼稚園森のユートピア館

あがた幼稚園　ロマンの館

安楽保育園（志布志市）

あとがき

東京で約十年間、建築の設計や施工に携わってきました。長男であったためにいつの日か帰郷して独立する夢は持っていました。しかし、人口の少ない田舎では設計の専業は成り立たないこともある程度は理解していました。当時は住宅の設計の仕事と言えばほぼ大工さんや工務店の確認申請の代願業務が主であったのです。

当初、建築主から直接依頼される設計監理の仕事を中心に考えていたのですが思うような仕事はなくかなり苦労した時期がありました。若い頃は設計した建築が町中に点在することで街並み景観に影響を与え、街並みが少しでも魅力的になることを夢見て仕事に励んでいました。

アトリエの名称をレモンとした時から「一味違う住まいづくり」というコンセプトで風土に根差した建築作品づくりに取り組み、いつの日か誰もが憧れるような美しい街、誇れる街になることを夢見て今日まで取り組んできました。しかし、生涯において設計できる建築は限られて来ます。その夢を果たすには一人の力では限界があり多くの仲間や団体、行政、専門家など様々な分野の人に今日までご協力を頂きながらまちづくりに取り組んできました。これまでに数回に渡り海外の美しい街並みを観る機会に恵まれたことは、その後街並み景観づくりに大いに役立ってきたのではと思います。

私がこれまで環境づくりやまちづくりに取り組んで来たことで強く思うことは「環境が人をつくる」ということです。特に幼児から小学校低学年までの住まいの環境は子どもの成長過程において大きく影響しているものと思い「環境が人をつくる」という思いをこの度、一冊の本にまとめた次第です。

丁度、同じ時期に宮崎県において２０１９年よりみやざき木造塾が毎年開催され宮崎らしい木造建築や宮崎の家とは何か?などの多儀に渡り研修を受ける機会を得ました。その影響もあり宮崎の風土についてもう少し触れておいた方が良いのかなと思った次第です。

また「宮崎型気候風土適応住宅」の基準が本年度、施行されたことは実に良いタイミングとなりましたので宮崎らしい住まいと景観づくりに大いに期待するところです。

出版するにあたり多少無謀な挑戦かなと思いながら執筆をすることとしました。出版社を頼ることなく執筆、編集、写真、デザインまでそのほとんどを一人で進めてきたなかで素人が一冊の本にまとめることができるのかな？と思いながらの挑戦は時間との戦いと仕事の両立ができるのかが心配でした。同時にこれまで撮りためていた写真の整理など作業は多儀に渡ったことです。また、当初は住まいの本にしようと思いながら進めていく中、途中から子育てと住まいについての関係をまとめようと路線変更としました。

最終的に本の内容は建築専門の本ではなく「子育ては住まいから！」というタイトルに落ち着いた次第です。

子育て世代の方やこれから住まいづくりを考えておられる方など多くの方々に是非読んで頂き「環境が人をつくる」ということに興味を持って頂くきっかけになればと思っています。

最後になりましたが設計依頼をして頂きましたクライアントの方々や施工して頂いた工務店、建築会社そして設計協力をして頂きました多くの方々との出会いがあったからだと思っています。皆様にはこの場をお借りして深くお礼申し上げます。そしてこの本の執筆にあたり編集の協力をいただいた藤川留美子さん、松岡博子さん、資料提供やご意見、提案を頂いた内田恭代さん、伊藤信繁さん更にはご助言、ご鞭撻を頂いた多くの方々、そして発行準備のご指導頂きました鉱脈社さんにはこの場をお借りして感謝申し上げます。

シダレヤナギの芽生え

挿入した草花は我が家の庭に咲いた季節折々の花を撮影した写真です。一休みして楽しんで頂けたらと思います。

写真撮影者一覧

撮影	河野秀親（著者） 引用転載以外の写真全て
資料提供	内田恭代 127
スケッチ	伊藤信繁 12,64,69,135,180,201

引用転載一覧

PhotoAC	15（5 枚）,17(4 枚),21（上 2 枚）,37（下 2 枚）,39,41（下 1 枚）,43,44,45,47（上 4 枚）, 87,88,89,96,97(2 枚）,98,101（上 2 枚下 1 枚）,107(下 2 枚）,109（下 2 枚） 110（下 1 枚） 115（上 3 枚）,121（左下 1 枚） 128,129（上 2 枚）,131,141(上 3 枚）,142、 143（上 7 枚）,146,147,148,149（上 4 枚）,152,153（左 2 枚）,155（上 3 枚）,157、 159（下 2 枚）,172,179,183,187（上 3 枚） 188（下 2 枚）,192,193,200,203(左 3 枚右中 1 枚） 215（下 1 枚）
Rika-net.com	21(下)
Photo by plantom	15（右上）
政府広報	55（上 1 枚）
気象庁データ	8、9、39（左上） 124,129
エネプラ.com	219(下部)
(財) 建築環境省エネルギー機構	125
宮崎県庁	135

主な掲載作品

住宅作品　自邸、小松台の家、M 邸,K 邸,T 邸 , 光庭のある家、洗足の家、志布志の家、パティオのある家 , 平和台の家、
T 邸、三股の家、加治木の家、Y 邸、国分の家、M 邸、佐土原の家

一般建築　有明開田の里公園（日時計、野外ステージ）、有明健康ランド蓬の郷、串間市大束小学校、串間温泉いこいの里、
JA 都城荒茶工場、串間市農村改善センター、串間商工会館、あがた幼稚園（きらり館）、串間市農村改善センター、
堀口荒茶工場、北郷足湯、あがた幼稚園（きらり館、ニルスの館） 七つの星地域交流館、しぶし地域交流館、
西都ふたば幼稚園、太陽の子保育園、あがた幼稚園（ポッポの家、エレンの館）、安楽保育園、
あがた幼稚園（森のユートピア館、ロマンの館）

メランポジウム

執筆者紹介　河野秀親　KAWANO HIDECHIKA

河野秀親
（かわの　ひでちか）

1949年	宮崎県串間市に生まれる
1967年	鹿児島県岩川高校建築科卒業
1967年～	京浜急行電鉄建築課
1971年～	東海興業（株）住宅部
1972年	工学院大学専修学校建築学科卒業（夜間）
1981年～現在	レモン設計室開設（一級建築士事務所）現在に至る
2004年～2007年	社団法人日本建築家協会　宮崎会代表幹事
2009年～2013年	宮崎県建築士会まちづくり委員会
2014年～現在	宮崎県景観アドバイザー
2018年～	ひむかヘリテージ機構／ヘリテージマネージャー
2020年～	みやざき木造マイスター

（受賞歴）

1994年	自邸 / 宮崎県住宅コンクール　入選
1996年	自邸 / 現代住宅設計モデル集掲載（新日本出版）
1996年	有明町健康ランド蓬の郷 / グッドデザイン賞受賞
1998年	建築士会住宅作品コンクール（鎌田邸）/『木のぬくもりある家』「金賞」受賞
2007年	日南幼稚園 / 宮崎県木造建築物設計コンクール最優秀賞
2016年	あがた幼稚園（森のユートピア館）/ 木材利用優良施設表彰 / 木材利用推進中央協議会会長賞
2021年	西都ふたば幼稚園 / みやざき木づかい県民会議賞受賞 / ウッドデザイン賞受賞

家づくりの豆知識

子育ては住まいから！

2023年1月17日　初版発行

著　者　河野秀親
編　集　河野秀親
編集協力　藤川留美子
装　丁　河野秀親

発行人　河野秀親【レモン設計室】
〒888-0015 宮崎県串間市東町 19-15
0987-72-5489
090-3070-5482

発行所　鉱脈社
〒880-8551 宮崎県宮崎市田代町 263 番池
0985-25-1758

印刷・製本　有限会社　鉱脈社